AURENCHET 1970

AF464810

et figures. 1 vol. in-12 br. 2 r. 2 c.

Dictionnaire de l'Académie française, revu, corrigé et augmenté par l'Académie elle-même ; cinquième édition. 2 vol. in-4.° br. 30 fr., le même rel. 33 fr.

Dictionnaire universel des synonymes de la langue française, publiés jusqu'à ce jour ; par MM. Girad, Beauré, Roubaud et autres écrivains célèbres, formant réunis près de douze cents articles. 3 vol. in-12 br. 7 fr. le même rel. 9 fr.

Dictionnaire grammatical de la langue française, contenant toutes les régles de l'orthographe, de la prononciation, de la prosodie, du régime, de la construction, etc. ; avec des remarques et observations des plus habiles grammairiens ; nouv. édit., revue et augmentée. 2 forts vol. in-8.° br. 7 fr.

Géographie élémentaire à l'usage des colléges, avec sept cartes et un précis de la sphère ; par F. Robert, géographe de l'Institut de Bologne, membre de l'Académie de Berlin, etc. ; neuvième édition, suivie de nouvelles divisions de la France en Préfectures et Sous-préfectures. 1 vol. in-12 br. 1 f. 80 c. Le même relié en parchemin. 2 fr.

Principes élémentaires d'orthographe française, ouvrage utile aux maisons d'éducations, aux parens qui instruisent leurs enfans, aux gens dont les études ont été négligées et généralement aux personnes qui voudroient se remettre d'elles-mêmes aux principes de leur langue ; par A. F. J. Fréville, auteur des nouveaux essais d'éducation de la vie des enfans célèbres, etc. 1 vol. in-8.° br. 3 fr.

Principes de l'ecture et de prononciation à l'usage des écoles primaires ; par Dieudonné Thiébault, professeur de l'Ecole-Centrale. 1 vol. in-8.° 3 fr.

X.

12953

Emlaine del. | Tourcaty Sculp.

B.R

Détachant les lauriers de son char de Victoire :
Il marche, il entre en père au Temple du dieu Mars.
La Vertu, les Talents, le Courage et les Arts
Reçoivent de ses mains les palmes de la Gloire.

ALPHABET
IMPÉRIAL MILITAIRE,

CONTENANT:

1.° L'Art d'apprendre à lire en écrivant.
2.° Quelques Notions des premiers Elémens qui composent une Armée de Terre et de Mer.
3.° Valeur des Nombres arabes et romains.
4.° Nouveaux Poids et Mesures, etc.
5.° Les Principes d'Arithmétique.

Suivi d'une Notice sur la Légion d'Honneur et sur la vie du Général Desaix et du Duc de Montebello, et orné d'un Frontispice, et de huit Planches représentant vingt-six Sujets.

. . . . De vos enfans guidez le premier âge,
Ne forcez point leur goût, mais dirigez leurs pas;
Etudiez leurs mœurs, leurs talens, leur courage:
On conduit la nature, on ne la change pas.

SECONDE ÉDITION.

A PARIS,
CHEZ LEBEL ET GUITEL, LIBRAIRES,
Rue des Prêtres-St.-Germain-l'Auxerrois, n.° 27.

1811.

Extrait du Catalogue de Lebel et Guitel.

Abécédaire figuratif, orné de 26 figures, pour exciter la curiosité des Enfans, contenant : 1.° les vingt-six lettres de l'alphabet ; 2.° des mots et petites phrases pour faire distinguer les syllabes ; 3.° l'explication des 26 gravures ; 4.° de petites histoires et des contes ; 5.° quelques fables ; 6.° des régles de ponctuation ; 7.° les quatre régles ; 8.° les chiffres romains et arabes ; 9.° des modèles d'écriture gravés, et des exemples formés de pensées morales ; nouvelle édition, 1 vol. in-12. 75 c.
Idem colorié, broché. 1 fr.

Abécédaire moral, suivi d'un nouveau Fablier à l'usage des Enfans et des Adolescens, in-12 orné d'un Frontispice gravé et d'une Figure représentant la Récréation maternelle. 40 c.

Le petit Abécédaire français, suivi des Elémens du calcul, des prières durant la sainte Messe, des répons de la Messe, des Vêpres et Complies du dimanche, en latin et en français. Piqué en papier fort, avec une figure. 25 c.

Alphabet impérial Militaire, orné d'un frontispice, représentant la distribution des décorations de la légion d'honneur, faite dans l'église des Invalides par S. M. l'Empereur et Roi, et de huit planches représentant vingt-six sujets militaires de toute arme, *avec cette épigraphe :*

. . . De vos Enfans guidez le premier âge,
Ne forcez point leur goût, mais dirigez leurs pas ;
Etudiez leurs mœurs, leurs talens, leur courage :
On conduit la nature, on ne la change pas.

1 vol. in-12, broché. 1 fr. 25 c.
Idem colorié et broché. 2 fr.

AUX JEUNES FRANÇAIS.

L'HOMME aime à parler des arts qu'il a cultivés dans sa jeunesse. Nourri dans les camps, j'ai consacré quelques instans de loisir à tracer les premiers élémens des connaissances militaires. Le désir d'être utile à cette classe intéressante que la gloire appelle du fond des chaumière dans les champs de Bellone, a dicté les premières pages de cet ouvrage.

C'est pour vous seuls, mes jeunes Camarades, que je l'ai achevé, et c'est à vous que j'en devais l'hommage. En vous formant dans la lecture et les comptes, s'il vous instruit en vous amusant par le récit de quelques opérations de guerre, et par l'explication de quelques termes que j'ai tâché de vous rendre facile ; s'il contribue à vous frayer les sentiers de la gloire, à vous ouvrir la porte des premiers honneurs militaires, et à faire éclore dans votre cœur le germe de ces vertus qui ont illustré ces Grands Hommes dont j'ai mis la Vie sous vos yeux, mon but sera rempli, et j'aurai recueilli la plus douce récompense que puisse ambitionner votre meilleur ami, dont vous avez toujours été le principal objet de la sollicitude.

ENTRETIEN PREMIER. (1)

BONAMI.

Mais, mon cher Charles, il ne tient qu'à toi de te procurer le même plaisir. Tu voudrais lire aussi? Eh bien, il faut l'apprendre. Laisse un peu reposer ton tambour, et travaillons ensemble. Prends ce crayon. Des vingt-cinq lettres ou signes qui servent à former tous les mots de la langue française, dessine avec moi la première, qui se nomme

A. Elève la main, et trace une ligne de droite à gauche. Partant du premier point, conduis, en trait plein, une autre ligne de gauche à droite : très-bien! unis vers le milieu ces deux lignes par un petit trait : à merveille! Voilà l'A, première voyelle.

CHARLES.

Eh! quelle est donc cette petite lettre que tu viens de placer à côté de l'A donné en exemple.

BONAMI.

Ce n'est point une lettre, mon ami, mais un chiffre, une unité, qui sert à marquer le nombre ou le rang. Ici, le chiffre que je placerai après chaque lettre, t'indiquera le rang qu'elle occupe dans l'Alphabet.

CHARLES.

J'entends : comme *un*, *deux*, *trois*, *quatre*.

BONAMI.

Oui. Passons de suite à une autre lettre.

B 2. Est la seconde. Trace une ligne droite. De la tête au centre forme un demi-cercle renversé; du centre à la base de cette ligne répète la même opération.

C 3. Ce signe qu'on appelle *ce*, est la troisième lettre; elle a la figure d'un demi-cercle. Trace-la d'après moi; car je crois apercevoir que ton attention, occupée à saisir mes idées, rend ta main un peu pesante.

4. Est la quatrième. Essaie de la former. Un trait plein ; bon. Embrasse ses extrémités par un demi-cercle allant de gauche à droite. Fort bien.

5. Cinquième lettre et deuxième voyelle. Cette lettre qui se nomme *e*, est un peu difficile ; tu l'as manquée : ce n'est pourtant qu'un trait plein qui joint sa base et sa tête à l'extrémité d'une autre ligne prolongée vers ta droite. Une ligne moins longue que l'inférieure et la supérieure, partage ce trait plein en deux parties égales. Recommence ; c'est un peu mieux.

6. Sixième lettre. Les traits de l'E, qu'avec quelque peine tu as enfin saisis, te rendront l'exécution de l'F plus aisée. Observe que ce n'est proprement qu'un E dont on auroit supprimé la branche du bas. C'est cela. Passons à la septième.

7. Ce signe se nomme *ge*, et est la septième lettre, qui, j'en conviens, a quelques rapports avec le C. Tu t'impatientes ; du courage. Ce n'est pas net : nous

y reviendrons. Sans doute tu t'apercevras qu'une grande partie des dix-huit lettres qui vont suivre sont, pour ainsi dire, formées des traits modifiés d'A, B, C, E, I. Nous allons maintenant marcher sur des roses.

H 8. Cette huitième lettre se forme de deux lignes parallèles, unies à leur centre par un trait.

I 9. Neuvième lettre et la troisième voyelle. Il ne faudra pas, je crois, tout ton talent pour en saisir la figure. Cette lettre va nous servir à former en partie la dixième et l'onzième.

J 10. Tu vois bien que ce n'est qu'un I qui s'arrondit un peu à sa base. Copie à merveille !

K 11. Cette onzième lettre, qui a la valeur du C rude, ne te coûtera pas beaucoup de peine. Forme un I, où deux branches ouvertes, dont l'inférieure est un trait plein, viennent s'unir à son centre

L 12. On nomme *le* cette douzième lettre, qui n'est simplement, comme tu l'as remarqué, qu'un I appuyant son extrémité inférieure sur la base d'un E dont les autres parties auraient été retranchées.

M 13. Deux I parallèles, unis par un A renversé dont on aurait supprimé le trait d'union, vont te donner la figure de cette treizième lettre.

N 14. Tu as copié cette quatorzième lettre avec intelligence. C'est encore deux I un peu déliés que, de la tête de l'un à la base de l'autre, joint obliquement de gauche à droite un trait plein.

O 15. Quinzième lettre et quatrième voyelle qui, comme tu le vois, n'est qu'un cercle. Quoique cette lettre n'ait pas une figure absolument ronde, il me semble que tu l'as un peu trop prolongée; moins de roideur dans les doigts : observe ses pleins et ses déliés. Comment! tout à fait bien.

P 16. Ne t'imagines-tu pas qu'un B dont

on auroit supprimé le demi-cercle inférieur, te donnerait parfaitement la physionomie de cette seizième lettre?

Q 17. Cette dix-septième lettre ne diffère guère de l'O, comme tu vois, que par une petite queue arrondie qui s'adapte à sa base.

R 18. Jette un coup d'œil sur le B que nous venons de former, et tu saisiras facilement les rapports qui existent entre lui et cette dix-huitième lettre.

S 19. Tu crois que les ondulations du serpent pourroient bien avoir donné l'idée de cette dix-neuvième lettre qu'on prononce presqu'en sifflant? Ah! Charles, tu l'as manquée. Donne-moi ta petite main, que je la guide. Bien! Maintenant copie seul. Ce n'est pas du tout mal.

T 20. Tu ne dis rien de la figure de cette vingtième lettre, qu'on prononce *te*. Fais un I; couronne-le d'une barre horizontale: de la grâce aux extrémités. Mais! tu en saisis parfaitement l'ensemble.

U 21. Vingt-unième lettre et cinquième voyelle. C'est bien, si tu veux, deux I parallèles, éloignés l'un de l'autre à peu près des deux tiers de leur longueur, et dont les bases s'arrondissent insensiblement; mais remarque cependant, mon ami, que la branche de la droite de cette lettre est plus déliée que celle de la gauche, qui est un trait plein. Essaie encore : ce n'est pas un chef-d'œuvre; nous ferons mieux sans doute une autre fois.

V 22. Cette vingt-deuxième lettre n'est qu'un A renversé dont tu aurais supprimé la barre transversale. Tu me parais moins heureux qu'à la précédente; recommençons.

X 23. Vingt-troisième lettre, dont la figure ne présente que deux barres en croix. Je crois bien que tu ne réussiras pas du premier trait à la former. Ah! la surprise est agréable.

Y 24. Pour obtenir cette vingt-quatrième lettre, qu'on nomme *i grec*, et qui a quelquefois la valeur de deux *i*, forme un V et prolonge sa base.

Z 25. C'est la vingt-cinquième et dernière lettre de l'Alphabet, et que l'on nomme *zède*. Mais rire n'est pas travailler : tu hésites et ne sais trop par où commencer. Décompose les parties qui la forment : tu n'y aperçois, dis-tu ; que deux barres horizontales que joint de droite à gauche une autre barre angulaire ; cependant copie d'après moi ; très-bien ! tu vois que le succès couronne toujours l'opiniâtreté au travail.

ENTRETIEN DEUXIÈME. (II)

BONAMI.

CHER ami, je suis très-satisfait : le désir d'apprendre t'a bien inspiré ; tu n'as point mal copié de nouveau les lettres majuscules. Occupons-nous maintenant des minuscules ou petites lettres italiques et manuscrites, dont tu t'es déj fait une idée en portant tes regards sur les premières pages de l'Alphabet : je t'y ai tracé un petit tableau de ces lettres, dont je vais t'expliquer l'emploi.

Les lettres minuscules manuscrites ou romaines sont consacrées à former les mots qui composent le discours ; les lettres *italiques*, qui ont une configuration plus couchée, ne servent ordinairement qu'à composer les mots sur lesquels ont veut attirer plus particulièrement l'attention. Les lettres majuscules manuscrites, italiques ou romaines, s'emploient dans les titres ; elles commencent chaque phrase, les noms propres d'hommes, de peuples, de villes, de rivières, etc. Sept d'entre elles, qui sont : C, D, I, L, M, V, X, et dont les Romains se servaient pour compter, sont encore employées à marquer les nombres : tu en trouveras un exemple dans le titre de chaque entretien ; mais nous ne nous en servons guère que dans les millésimes, et pour distinguer ou les princes ou les rois de même nom. Je t'expliquerai la valeur de ces lettres considérées comme indiquant les nombres, dans une table comparative des chiffres romains et arabes; maintenant achevons de nous familiariser avec les ligatures ou lettres doubles.

ENTRETIEN TROISIÈME. (III)

CHARLES.

VITE, viens avec moi montrer mon ouvrage à Maman! Elle sera bien contente, j'espère, de mon travail: toutes difficiles qu'elles sont, j'ai passablement saisi tes ligatures; dis; qu'en penses-tu, Bonami? Que de baisers cette bonne Maman va donner à son cher Charles!

BONAMI.

Oui, c'est très-bien; mais si je te traçais quelques-unes de ces lettres doubles, les nommerais-tu bien sans hésiter.

CHARLES.

Oh, oui! et mieux que je n'ai répondu à Maman, quand elle m'a demandé: « Qu'est-ce que l'on appelle *Alphabet*. »

Elle est si bonne, cette Maman, qu'elle ne m'a pas grondé ; mais que j'étais honteux de paraître si ignorant devant elle, et que je m'en voulais de ne pas lui donner le plaisir d'une réponse plus savante.

BONAMI.

Tu ne t'es donc pas souvenu que l'Alphabet est le recueil des signes ou lettres, qui représentent les sons d'une langue ?

CHARLES.

Mon Dieu, si ; mais j'ai manqué d'expressions pour rendre mes idées, et j'ai rougi.

BONAMI.

Tu sais cependant que l'Alphabet français est composé des vingt-cinq lettres que tu viens de copier ? Ces vingt-cinq lettres sont ou *voyelles* ou *consonnes ;* et c'est de leur mélange que naissent les *syllabes*. Les syllabes forment les *mots*, les mots les *phrases*, les phrases le *discours*.

Nous ne comptons dans notre langue que cinq voyelles, qui sont *a*, *e*, *i*, *o*, *u*. On les nomme *voyelles* parce qu'elles forment une voix, un son parfait, sans l'appui d'autre lettre; les autres signes ou lettres s'appellent *consonnes*, parce qu'elles ne rendent aucun son sans le secours d'une voyelle placée soit avant, soit après. Ainsi les lettres entre-mêlées composent tous les mots d'une langue.

Je m'aperçois, mon cher Charles, que ces définitions chargent un peu ta mémoire; mais elles se simplifieront et s'y graveront insensiblement, à mesure que nous avancerons dans la connaissance de la langue : bornons-nous pour le moment à l'étude des premières pages de notre Alphabet; épelons.

ENTRETIEN QUATRIÈME. (IV)

CHARLES.

TANDIS que Maman se dispose à la promenade, tu ne te refuseras pas de me dire encore quels sont tous ces petits signes que je vois sur des voyelles et puis à côté de certains mots? Tu m'en a déjà parlé en me faisant lire : ne me gronde pas; oh, ce n'est point ma faute! mais j'ai presque oublié tout ce que tu m'en as dit.

BONAMI.

Aussi tu n'as que ta guerre en tête et ton tambour; et puis tu ne retiens rien.

CHARLES.

Que veux-tu ? j'aime le tapage, moi; mais j'aime aussi à m'instruire. Bonami, ne te fâche pas; je te réponds de la docilité de Charles : j'écoute.

BONAMI.

Eh bien, cette petite marque que l'on place sur les voyelles se nomme *accent*; il sert soit à en faire connaître la prononciation, soit pour distinguer le sens d'un mot d'avec celui d'un autre mot qui s'écrit de même. On compte trois sortes d'accents en français, savoir : l'*aigu*, le *grave* et le *circonflexe*. Ainsi on met un accent *aigu* sur un *é*, pour marquer que cet é est un *é* fermé, et qu'il doit être prononcé comme dans ces mots, *santé*, *charité*, *bonté*, etc. On met un accent *grave* sur un *è* pour marquer que c'est un è ouvert, comme dans *procès*, *succès*, etc.; on le met aussi sur *là* adverbe, pour le distinguer de *la* article; et sur *où* adverbe pour le distinguer d'*ou* conjonction. L'on met un accent circonflexe sur les voyelles de certaines syllabes longues, comme dans ces mots, *âge*, *tête*, *gîte*, *côte*, *flûte*, etc.

CHARLES.

Pour cette fois je m'en souviendrai bien. Mais vois-tu? c'est décidé, je n'irai pas jouer avant de savoir quelle est l'utilité de ce petit signe que je rencontre souvent entre une voyelle et une consonne: tu te mets à lire sans me répondre! c'est fort mal. Bonami, oh! je t'en prie, dis-le moi.

BONAMI.

Ce signe en forme de virgule (') et qu'on appelle *apostrophe*, sert à marquer la suppression d'une voyelle qui fait élision avec la voyelle qui la suit, comme dans *l'état*, *l'armée*, *s'il*, etc.; pour *le* état, *la* armée, *si* il, etc. La douceur de la prononciation en a fait une loi invariable.

CHARLES.

Je te remercie, Bonami; et pendant que tu vas lire, je vais essayer de copier l'exemple :

Adore Dieu, sois juste, et chéris ta patrie.

ENTRETIEN CINQUIÈME. (V)

FORCES DE TERRE.

CHARLES.

REGARDE donc! qu'ils sont jolis, ces petits bons-hommes que Maman vient de me donner! Comme je vais faire la guerre avec eux! Regarde.

BONAMI.

En vérité, voilà de quoi former une superbe armée. Comment? cavaliers, fantassins, et de toutes armes! Oh! que tu vas bien t'amuser!

CHARLES.

Et qu'est-ce donc qu'une *armée*.

ARMÉE. C'est un grand nombre de soldats, chasseurs à pied, à cheval, grenadiers, fantassins, artilleurs, hussards, dragons, cuirassiers, voltigeurs, etc., tous rassemblés en un corps sous la conduite d'un général. Toutes les troupes d'une armée étant divisées en régimens, en escadrons, en bataillons, en compagnies, en sont considérées comme les élémens; l'artillerie et toutes les machines de guerre en usage dans l'attaque et la défense en font partie. Ces troupes réunies sont destinées à agir en un jour de bataille.

BATAILLE. Action générale entre deux armées ennemies, se chargeant de toute manière, d'un bout à l'autre de leur étendue, dans le dessein de se vaincre l'une l'autre et de remporter la victoire. Mais avant de placer tes petits soldats en bataille, il est important de connaître leur destination, leur service et le parti qu'on peut tirer de chaque arme.

Armée en bataille devant son camp

Dessiné et Gravé par Tewrealy

Bataille d'Jena

R. F

CHARLES.

Ah ! c'est vrai, je n'y pensais pas. Mais où couchent donc tous ces soldats ? Est-ce qu'ils ne dorment jamais ?

BONAMI.

CAMP. Dans l'espace du terrain qu'une armée occupe, elle se forme des espèces de maisons de toiles pour se mettre à l'abri des injures de l'air, et y reposer. Cette sorte de ville mouvante se nomme *Camp*. En un quart d'heure les édifices de cette ville se tracent, se forment et sont achevés, parce que tous ceux qui doivent les habiter mettent la main à l'ouvrage et que les matériaux sont toujours prêts à être employés. Cette ville de toile, et disposée en ligne droite, disparaît dans un moment et se transporte aisément ailleurs pour y former un nouveau camp.

Quelquefois dans des pays boisés, l'armée marchant sans ses tentes, se forme des maisons de branchages ; cela s'appelle *baraquer :* l'industrie du soldat rend ces asiles commodes et agréables ; sous le gazon ou le chaume qui les couvre, il y brave le froid et les pluies d'automne. Mais allons nous mettre à table, et nous commencerons nos exercices par la *Cavalerie*.

ENTRETIEN SIXIÈME. (VI)

CAVALERIE.

LA Cavalerie est un corps de gens de guerre combattant à cheval, le mousqueton (1), le pistolet, ou le sabre à la main. Cette troupe est aussi destinée à protéger les ailes et le centre d'une armée ; à escorter, à favoriser les convois ; c'est elle qu'on envoie à la découverte, à la poursuite d'une armée battue et qui fuit.

Je vais te donner une idée des principaux corps qui composent la cavalerie, dont chacun doit sa naissance et ses armes au genre de service auquel il est

---

(1) Fusil plus court, plus léger que celui de l'infanterie.

Carabinier recevant un ordre

Grenadier à cheval prêt à charger l'ennemi

Dessiné et Gravé par Tourcaty

Gendarme d'élite commandant la charge

Cuirassier sous les armes

destiné. Commençons par les *Carabiniers*.

CARABINIERS A CHEVAL. Corps de cavalerie dont tous les hommes qui le composent sont armés d'une carabine, sorte de fusil dont le canon est cannelé intérieurement. La force, le courage, la valeur, la discipline et la fermeté sont, pour ainsi dire, les élémens de ce corps illustre. Considérés comme les grenadiers de l'armée, les Carabiniers, immortalisés à Fontenoy, ont toujours soutenu leur grand nom, et se sont surpassés encore à la bataille d'Iéna, d'Eylau, et aux bords du Danube. Les régimens de cavalerie fournissent, selon leur rang d'ancienneté, les sujets de remplacement dans le corps des Carabiniers.

GRENADIERS A CHEVAL. GENDARMES D'ÉLITE. C'est à peu près sur le même plan qu'ont été formés et que se complètent les Grenadiers à cheval de la garde impériale et les Gendarmes d'élite. Brillant du même éclat, ces trois corps diffèrent peu par les armes et leur service à l'armée ; tous trois nobles rivaux, tous trois également funestes à l'ennemi, leurs charges sont des victoires.

CUIRASSIER. Cavalier qui tient son nom de l'armure, à l'épreuve de la balle et de la lame, qui le couvre du col à la ceinture. La belle tenue et la discipline de ce corps, fait l'admiration de l'armée ; sa valeur, son intrépidité, l'ensemble de sa charge serrée et inexpugnable portent la terreur dans les rangs ennemis qu'il renverse, écrase et détruit.

CHASSEURS A CHEVAL, Cavalerie légère. Faut-il fouiller un village, éclairer la marche de l'armée, débusquer un poste, protéger l'infanterie, poursuivre les fuyards ; partout on voit cette troupe brillante et légère, riche de jeunesse et de valeur, commencer ou achever la défaite de l'ennemi.

DRAGONS. Cavaliers formés pour combattre à pied ou à cheval. Les Dragons sont employés utilement partout où il faut une troupe légère, réglée et valeureuse, qui donne la chasse à l'ennemi, et qui le harcèle dans sa retraite. Les Dragons sont postés à la tête du camp, et vont les premiers à la charge.

HUSSARDS. Régiment de troupe légère, montés sur de petits chevaux agiles et infatigables. Harceler l'ennemi, découvrir ses ambuscades, faire la petite guerre de parti, inquiéter ou poursuivre la défaite de l'ennemi, sont les parties essentielles du service des Hussards. Ce corps, qui prit naissance chez les Hongrois, s'est naturalisé en France, où il s'est acquis une réputation d'intrépidité, de bravoure et de discipline qui ne saurait augmenter.

CHARLES.

Et le beau régiment de mon oncle, tu ne m'en parles pas : il est aussi de la cavalerie?

BONAMI.

L'ARTILLERIE LÉGÈRE forme bien un corps de cavalerie; mais comme l'institution du *canonnier léger* n'est pas de combattre à cheval, à moins qu'il

Hussard poursuivant l'ennemi

Canonnier léger montant à cheval.

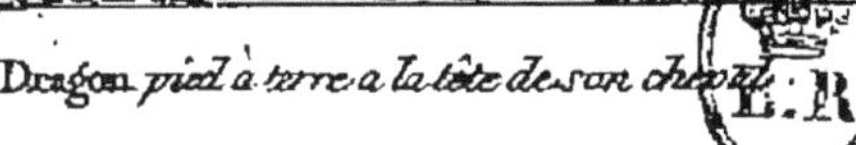

Dragon pied à terre à la tête de son cheval.

Dessiné et Gravé par [illegible]

Chasseur en vedette

L.R

attaques, suivant les ordres qu'ils reçoivent. Un canonnier est-il démonté, les caissons qui suivent sont construits de manière qu'il peut s'y placer et y continuer son service. En général, tous les mouvemens en avant et en retraite de l'artillerie à cheval, sont les mêmes que ceux de l'artillerie à pied; elle n'a d'avantage sur cette dernière que l'extrême facilité de se porter sur un terrain et de s'en éloigner de même.

ENTRETIEN SEPTIÈME. (VII)

INFANTERIE.

CHARLES.

Mes soldats! où sont-ils? Que cette parade était brillante! Mais qu'entend-on par *infanterie*?

BONAMI.

Toute troupe militaire qui fait ses mouvemens et son service à pied. Quoiqu'elle ait besoin du concours de la cavalerie pour se rendre plus formidable, l'infanterie est regardée comme la partie la plus importante et la plus considérable des armées, parce qu'elle combat dans toutes sortes de terrains. Elle seule, pour ainsi dire, défend et prend les villes; dans les batailles elle a encore un avantage sur la cavalerie, qui ne peut agir que dans les endroits ouverts et spacieux. L'ame et la principale force des armées, l'infanterie aplanit les difficultés des passages et des marches, sert l'artillerie, fait les mines, les tranchées, tous les travaux de l'attaque et de la défense des forteresses; va à l'assaut, s'empare des châteaux forts, des postes, etc.; fait les fortifications, les passages nécessaires pour assurer un camp, ou pour fermer, ou pour ouvrir un pays; enfin, l'infanterie est continuellement occupée, et c'est sur elle que tombe tout le poids de la guerre.

FUSILIER. On entend par fusilier, un soldat d'infanterie, qui n'est ni grenadier ni chasseur, mais qui est armé d'un fusil et d'une baïonnette pour attaquer et pour se défendre.

ENTRETIEN

Fusilier *au port d'arme*

Grenadier *appuyé sur son arme.*

Dessiné et Gravé par Tourcaty

Carabinier *à pied chargeant son arme avec le maillet.*

Chasseur *Tirailleur.*

B. R.

ENTRETIEN HUITIÈME. (VIII)

BONAMI.

Tu t'impatientes : tu voudrais déjà faire manœuvrer ton infanterie ; et tu ne connais pas encore quelles différentes armes la composent, ni les fonctions distinctes qui caractérisent chacune d'elles.

CHARLES.

Si, du moins en partie ; car tu te rappelles, Bonami, qu'à la parade tu m'as dis que ces beaux hommes à bonnets à poil, à moustaches, à l'air terrible et menaçant, et qui marchaient les premiers, étaient les grenadiers : je ne sais pas, il est vrai, quel est le genre de service auquel ils sont destinés ; je sais bien qu'ils étaient armés d'un fusil et d'un sabre ; mais, à l'exception du sabre, les autres compagnies l'étaient comme eux.

BONAMI.

GRENADIERS. Ce sont des soldats choisis parmi les plus grands, les mieux constitués, et entre ce qu'il y a de plus brave dans les compagnies d'un régiment d'infanterie, et qui forment une compagnie d'élite, nommée *Compagnie de grenadiers*. Cette compagnie a toujours la droite sur les compagnies qui composent le bataillon ; elle marche à la tête dans les attaques, dans les assauts, et dans toutes les opérations militaires qui demandent une valeur éprouvée. Les postes d'honneur, tels que la garde des aigles, du général, etc., leur sont échus en partage. Tu m'as observé qu'ils étaient armés d'un sabre, d'un fusil et d'une baïonnette (1) ; mais tu ne sais pas que quelquefois ils sont encore pourvus de grenades (2), d'où ils tiennent leur nom.

---

(1) Dague courte et large par le bas, ayant, au lieu de poignée, un manche creux, fait de manière à fixer cette arme au bout du fusil, d'où elle s'enlève à volonté.

(2) Petit globe creux, du volume à peu près d'une orange, dans lequel on introduit par la lumière trois ou quatre onces de poudre à tirer, et une fusée, comme à une bombe, qui ne diffère de la grenade que par sa grosseur

CHASSEURS. As-tu remarqué cette troupe légère qui marche à la suite des autres compagnies ? Les soldats qui la composent se nomment *Chasseurs*. D'une taille inférieure à celle des grenadiers, mais robustes, agiles, ils sont aussi un corps d'élite, et sont souvent, comme les grenadiers, employés dans les occasions qui demandent beaucoup de fermeté, de valeur, d'agilité et d'intrépidité. En route ils alternent avec les grenadiers, et marchent à leur tour à la tête de la colonne.

CARABINIERS A PIED. Les *Carabiniers* à pied sont regardés comme les grenadiers des chasseurs, et sont, au lieu de fusil, armés d'une carabine (1).

---

et par deux anses qui servent à la placer dans le mortier.

On fait usage des grenades quand on pénètre dans un ouvrage de fortification, pour en chasser les troupes qui le défendent; alors chaque grenadier met le feu à la fusée de la grenade avec une mèche allumée qu'il tient d'une main, et de l'autre lance la grenade, qui crève et se divise en éclats qu'on ne peut éviter que par la fuite.

(1) Arme offensive et à feu, dont le canon

VOLTIGEURS, ÉCLAIREURS, TIRAILLEURS. Souvent aussi, sous le nom *d'Eclaireurs* ou de *Voltigeurs*, les chasseurs sont envoyés en avant d'une armée, d'une division, pour connaître les embuscades, pour découvrir, pour surprendre ou écarter les partis ennemis, pour savoir si l'armée opposée est en mouvement; enfin pour s'instruire de tout ce qui peut faire obstacle à une entreprise ou à en assurer le succès. Dispersés sur différens points en avant d'une colonne, ils prennent le nom de *Tirailleurs*, et commencent l'attaque par un feu qui n'est réglé par aucun commandement.

---

est rayé intérieurement en ligne spirale. Son calibre est tel, par rapport à la balle, que celle-ci ne peut parvenir sur la charge sans y être poussée avec violence par une baguette de fer et un maillet.

ENTRETIEN NEUVIÈVE. (IX)

ARTILLERIE.

CHARLES.

ENTENDS-TU le canon? Mon Dieu, je voudrais bien voir tirer le canon! Le tirera-t-on bientôt?

BONAMI.

Toutes les fois que nous remporterons une victoire éclatante: si tu désires tant de le voir tirer, c'est un plaisir que tu pourras souvent te procurer.

CHARLES.

Mais tu m'as parlé bien peu de cette arme et des soldats qui la servent; tu me ferais grand plaisir d'entrer dans quelques détails: nous attendons incessamment mon oncle.

BONAMI.

Le capitaine d'artillerie?

CHARLES.

Justement. Il connaît le canon, mon

oncle ; je veux en causer un peu avec lui, et qu'il ne me dise pas toujours : *tais-toi, petit bonhomme;* cela m'humilierais, si je ne savais pas ce que c'est que l'artillerie.

BONAMI.

ARTILLERIE. On entend par artillerie, non-seulement les grosses bouches à feu, comme canons, mortier, obusiers, boulets, bombes ; les instrumens nécessaires pour s'en servir ; les pontons, les chariots, les voitures employées à transporter tout l'atirail de guerre, mais encore l'art de manœuvrer ces bouches à feu, de jeter un pont, de creuser, de charger des mines, d'exécuter des sapes ; de tracer, d'élever des batteries et des ouvrages de fortifications pour l'attaque ou la défense des places. Ainsi dans cette arme nous placerons les Canonniers, les Sapeurs, les Mineurs, les Pontonniers, et les Ingénieurs, qui sont comme les architectes de l'armée : commençons par les Canonniers.

CANONNIERS OU ARTILLEURS. On nomme *Canonniers* ou *Artilleurs* les

Canonnier appuyé sur son canon

Canonnier mettant le feu à un mortier

Mineur ouvrant le puits d'une mine

Dessiné et Gravé par Tourcaty

Pontonnier conduisant un ponton.

hommes destinés à servir le canon, à construire les batteries de canon et de mortiers, à faire tous les travaux de guerre qui ont rapport à l'artillerie.

Tu veux savoir ce que c'est qu'un canon? Eh bien, les canons employés à la guerre sont, au volume près, absolument semblables aux deux jolis canons dont on t'a fait présent. Tu conçois donc que le canon est une bouche à feu, de fonte ou de fer, montée sur un affût, et qui sert à lancer, au moyen de la poudre (1), des globes de fer coulés appelés *boulets*, proportionnés à son diamètre intérieur. Le canon sert aussi à battre les

(1) La poudre est un composé de salpêtre, de soufre et de charbon, qui, par l'application de la plus petite étincelle de feu, s'enflamme en un instant presqu'invisible. Son explosion est d'une force si prodigieuse, qu'elle est capable de chasser très-loin des corps fort pesans, de produire des volcans artificiels, comme dans l'explosion des mines, et de renverser par son moyen les murailles des villes. Charles, il ne faut jamais jouer avec la poudre; il en arrive toujours quelque malheur.

ouvrages de fortification ; il est encore employé contre les troupes et les vaisseaux. On dit un canon de 4, de 8, de 12, etc., pour désigner un canon qui chasse un boulet pesant 4, 8, 12 livres.

CHARLES.

A présent, je raisonnerai tant que l'on voudra sur cet article ; je sais mon canon par cœur ; mais je n'ai pas la première idée du mortier.

BONAMI.

Le génie de la destruction a encore présidé à la naissance de cette arme, mise en usage par les Turcs au siége de Rhodes en 1522, deux cents ans après l'invention du canon. Le mortier est une arme à feu plus courte, mais plus large que le canon. Il est monté sur un affût sans roues, et sert à lancer des bombes (1), des grenades, des car-

---

(1) La bombe est un globe de fer creux, percé d'un trou, que l'on nomme *œil*, par où l'on introduit la poudre dont on la charge, et que l'on bouche avec une fusée de bois rem-

casses (1), etc. Il se désigne encore aujourd'hui par le nombre de pouces que

---

plie d'une composition qui communique le feu à la poudre que contient la bombe. La bombe a deux anses, par lesquelles on la lève pour la mettre dans le mortier par-dessus la poudre dont on le charge. La bombe est, à bien des égards, plus dangereuse que le boulet, puisqu'elle tombe dans des lieux où le plus souvent il ne peut pénétrer. Elle enfonce les voûtes, et présente quelquefois l'effet d'un petit fourneau de mines. En outre, la poudre que renferme la bombe, la divise en éclats qui peuvent devenir autant de coups meurtriers. Les bombes sont de différentes grosseurs; les unes ont dix-huit, douze, huit pouces de diamètre : celles de dix-huit pouces pèsent cinq cents livres; on donne aux bombes de douze pouces une pesanteur de cent cinquante livres, une épaisseur de seize lignes, et une charge de cinq à six livres de poudre pour les faire éclater; à celles de huit pouces une pesanteur de quarante livres, une épaisseur de dix lignes, et une charge d'une livre et demie.

(1) Carcasse, espèce de balon formé de deux cercles de fer posés en croix sur un bassin de fer, comme celui d'une balance. Elle est remplie de grenades, de pétards et de composition

donne son diamètre, ainsi on dit un mortier de 8, de 12, de 18 pouces. Ce genre de mortier n'est en usage que dans les siéges.

Mais dans les siéges et dans les batailles, on se sert également d'une espèce de mortier nommé *obusier*, d'une forme plus allongée que le mortier proprement dit, et que l'on monte sur un affût de campagne dont la semelle est mobile, afin de pouvoir pointer jusqu'à la dernière élévation qui est 45 degrés. L'obus (1) qu'il projette se dirige sur les troupes pour les renverser, et sur les forteresses pour démonter les grosses bouches à feu des assiégés; pour balayer

de poudre à tirer, de poix, de suif, d'étoupes que l'on recouvre d'une toile ficelée et goudronnée, traversée par une fusée à bombe, destinée à porter le feu dans la carcasse, dont l'utilité est de nuire aux travailleurs et d'éclairer leurs ouvrages.

(1) L'obus est une bombe sans anse : son objet est de faire l'effet d'un boulet, et d'éclater ensuite comme la bombe.

Sapeur *posant un gabion.*

Sapeur *poursuivant sa sape.*

Dessiné et Gravé par Tass...

Sapeur *d'infanterie en parade*

Officier du Génie *dressant un plan*

B.N.

avec succès les chemins couverts (1), et les chasser des pièces de fortifications. On dit de même que pour le mortier, un obusier de 8, de 6 pouces.

Les premiers obusiers que l'on vit en France furent pris à la bataille de Nerwinde, que le maréchal de Luxembourg gagna sur les alliés en 1693.

ENTRETIEN DIXIÈME. (X)

SAPEURS ; soldats faisant partie du corps d'artillerie, exercés et habiles à exécuter une sape (2), pour approcher

---

(1) Le chemin couvert est un espace de dix à douze mètres (de cinq à six toises) entre le fossé, et d'une élévation de terre d'environ deux mètres trois décimètres (sept pieds et demi) de hauteur, laquelle va se perdre en pente dans la campagne, à vingt ou vingt-cinq toises du côté extérieur du chemin couvert. Cette pente se nomme *le glacis*, et l'élévation de terre en glacis se nomme *parapet du chemin couvert.*

(2) La sape est la tête d'une tranchée pous-

avec moins de danger des ouvrages d'une ville ou d'une forteresse assiégée. Le sapeur a toujours un genou en terre, pour creuser son boyau ou commencement de sape, et se dérober à l'assiégé.

Les régimens d'infanterie ont aussi des sapeurs armés d'une hache et d'un pistolet. Ils marchent à la tête des compagnies de grenadiers, et sont chargés d'ouvrir les passages à l'armée qui s'avance

---

sée pied à pied, qui chemine sans cesse vers le corps de la place. Pour conduire et exécuter une sape, un premier sapeur pose d'abord son gabion *, la pointe des piquets en dessus; ensuite il creuse un pied et demi en largeur, sur autant de profondeur, laissant un espace de cinq décimètres (un pied et demi) entre la sape et le gabion, qu'il emplit des terres qu'il enlève, en laissant cinq décimètres environ (un pied et demi) d'espace entre la sape et le gabion. A mesure qu'il va en avant, le second sapeur élargit d'environ trois décimètres (de six pouces), et creuse d'autant; ceux qui les

* Grand panier de forme cylindrique, sans fond, d'environ deux pieds et demi de hauteur, sur le même diamètre, et fait de menues branches d'arbres entrelacées sur des piquets.

à travers les pays boisés, ou de faire des abattis, soit pour arrêter la marche de l'ennemi, soit pour se défendre d'une surprise.

MINEURS. Soldats du corps d'artillerie, instruits à faire des galeries souterraines sous un rempart, sous un bastion, sous un roc, pour le faire sauter par le moyen de la poudre dont ils chargent la chambre ou fourneau de mine (1).

---

suivent dans ce travail élargissent et creusent de même la sape, jusqu'à ce qu'elle ait environ un mètre à peu près (trois à quatre pieds) de largeur, sur autant de profondeur. Ce fossé, qui ne doit avoir que huit décimètres dans le fond, à cause des talus qu'on laisse à ses côtés, a fourni suffisamment de terre pour former une masse d'épaulement qui ne peut plus être percée que par le canon. La sape, poussée jusqu'à deux mètres huit décimètres de largeur, prend le nom de *tranchée*.

(1) La mine est une galerie souterraine, large d'un mètre environ (trois à quatre pieds), et haute d'un mètre huit décimètres à peu près, que l'on conduit sous les endroits que l'on veut faire sauter. A l'extrémité de

PONTONNIERS, ouvriers militaires, faisant partie du corps d'artillerie, et instruits dans l'art de la navigation et des travaux qui ont rapport à la construction des ponts passagers de bateaux ou de pontons (1).

---

cette galerie, on pratique une chambre dans laquelle on dépose et l'on charge la poudre nécessaire pour l'effet qu'on en attend. Cette chambre est plus basse de huit décimètres que la mine, et elle est désignée sous le nom de fourneau. On peut considérer la mine comme une espèce de volcan artificiel, inventé pour faciliter la prise des places. On s'en sert aussi avec le plus grand avantage pour la défense; et dans ce cas elle prend le nom de *contre-mine*.

(1) Les pontons sont des bateaux de cuivre qui suivent l'armée sur des haquets, espèce de voiture plate. Les pontons, plus légers que les bateaux, et se manœuvrant plus aisément, servent pour les rivières ordinaires et tranquilles. Les pontons assemblés pour former un pont, sont espacés entre eux de cinq mètres quatre décimètres environ. Lorsqu'on veut ponter les bateaux, on les garnit de poutrelles (sorte de solive), qu'on recouvre de madriers:

INGÉNIEURS. On entend par *Ingénieurs* les officiers-architectes militaires formant le *Corps du Génie*. Leurs fonctions consistent à diriger la construction des fortifications ou permanentes ou passagères; à entretenir en bon état les bâtimens militaires et les ouvrages des villes de guerre; à tracer la tranchée ou les chemins que les troupes creusent pour arriver par art ou par force dans une forteresse ennemie, etc. Ils sont aussi employés à faire les plans des camps et des champs de bataille, où l'on voit l'arrangement des troupes, les mouvemens qu'elles ont faits pendant une action. Ils sont encore chargés de parcourir le pays en avant d'une armée, à mesure qu'elle pénètre, et d'en exprimer, d'après nature et en détail, la constitution, par des cartes topographiques qui servent à diriger la marche des troupes et les mouvemens successifs qui condui-

---

on nomme ainsi les planches qui ont plus de cinquante millimètres (dix-huit lignes) d'épaisseur.

sent à l'exécution des grands projets que médite un général.

Les plus célèbres ingénieurs modernes sont Cœhorn chez les Hollandais, Vauban chez les Français; tous deux contemporains, tous deux rivalisant de gloire et de talens, ils ont porté l'art de fortifier, d'attaquer et de défendre les places au plus haut degré de perfection.

ENTRETIEN ONZIÈME. (XI)

BONAMI.

Dans nos dernières promenades, je t'ai rendu plus sensibles les opérations militaires pour l'attaque et la défense des places; ton intelligence, mon cher Charles, a saisi parfaitement mes idées. Tu m'avais promis de la docilité, et t m'as tenu parole : il est juste aussi que je dégage la mienne.

CHARLES.

Oh, oui! et j'attends avec impatience

que tu me montres l'ordonnance d'un régiment (1) en bataille. Tiens, voilà mes petits soldats.

BONAMI.

Tu ne possèdes guère qu'un dixième des soldats nécessaires pour former un régiment; mais nous diminuerons notre étendue et nous obtiendrons le même résultat. Forme dix-huit pelotons sur trois hommes de hauteur et six de front. C'est cela. Et tes officiers, tes musiciens, tes tambours, ton tambour-major, ton caporal-tambour, où sont-ils?

CHARLES.

Les voilà.

---

(1) Un régiment est composé de deux bataillons, et commandé par un colonel, un premier lieutenant-colonel et un deuxième lieutenant-colonel, un adjudant-major et un adjudant. Chaque bataillon est divisé en huit compagnies, non compris la compagnie des grenadiers, commandées chacune par un capitaine, un lieutenant, un sous-lieutenant, un sergent-major, quatre sergens, un caporal-fourrier, huit caporaux.

BONAMI.

Bon. Neuf pelotons ont formé ton premier bataillon; observe un intervalle, et place de même ton second bataillon, en portant la deuxième compagnie de grenadiers à la gauche. En arrière du rang des serre-files (1), vis-à-vis le centre de l'intervalle qui sépare les deux bataillons de ton régiment, place ton colonel.

L'aigle et sa garde à la gauche du quatrième peloton de chaque bataillon.

Chaque lieutenant-colonel plus rapproché des serre-files que le colonel, mais vis-à-vis le centre du demi-bataillon de droite.

Porte l'adjudant de chaque bataillon encore plus près des serre-files, vis-à-vis le centre du demi-bataillon de gauche.

Chaque capitaine à la droite de son

---

(1) Le dernier rang d'un bataillon, d'une compagnie, celui qui termine la hauteur par la queue, comme le chef de file la termine par la tête.

peloton, au premier rang; le premier sergent derrière lui, au troisième rang; le sous-lieutenant derrière le centre de la seconde section.

Le sergent-major derrière la droite de la seconde section; le lieutenant derrière le centre de la même section (1); le second sergent derrière la gauche, sur la même ligne.

Dans le peloton de l'aile gauche, place ton second sergent à la gauche du premier rang du bataillon, ayant derrière lui un caporal au troisième rang.

Tes tambours derrière le cinquième peloton de leur bataillon respectif.

Ton tambour-major à la tête des tambours du premier bataillon, et le caporal-tambour à la tête des tambours du second.

Place tes musiciens derrière les tambours du premier bataillon.

Tu viens de former un régiment en bataille; mais comme je ne serai pas

---

(1) Portion, division d'un peloton, d'une compagnie.

toujours avec toi pour te guider dans la formation de cet ordre, je désirerais te voir en dresser le plan. Cela n'est pas d'une difficulté insurmontable; je t'aiderai. Essayons ensemble. Tu n'as pas encore assez de dessin pour figurer les soldats qui composent tes files, mais tu peux y suppléer par des lignes. Je vais t'en donner une idée, et puis tu t'exerceras seul. Prends garde surtout de déranger l'ordre de tes compagnies, jusqu'à ce que tu l'aies bien tracé sur le papier; car il pourrait se faire que la mémoire te manquerait pour le rétablir.

Premier peloton.

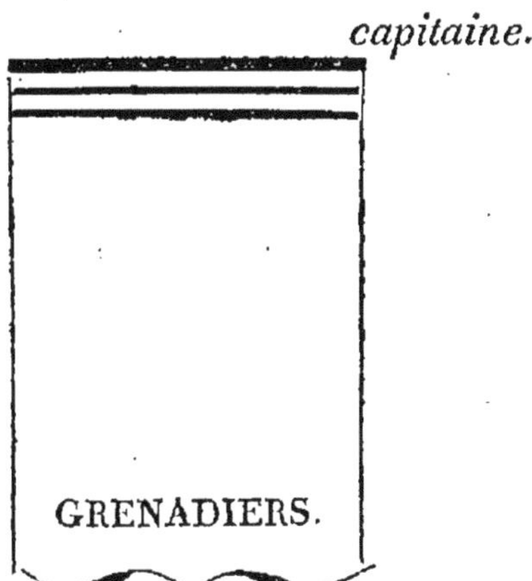

Ce n'est pas cela; tu exécutes mala-

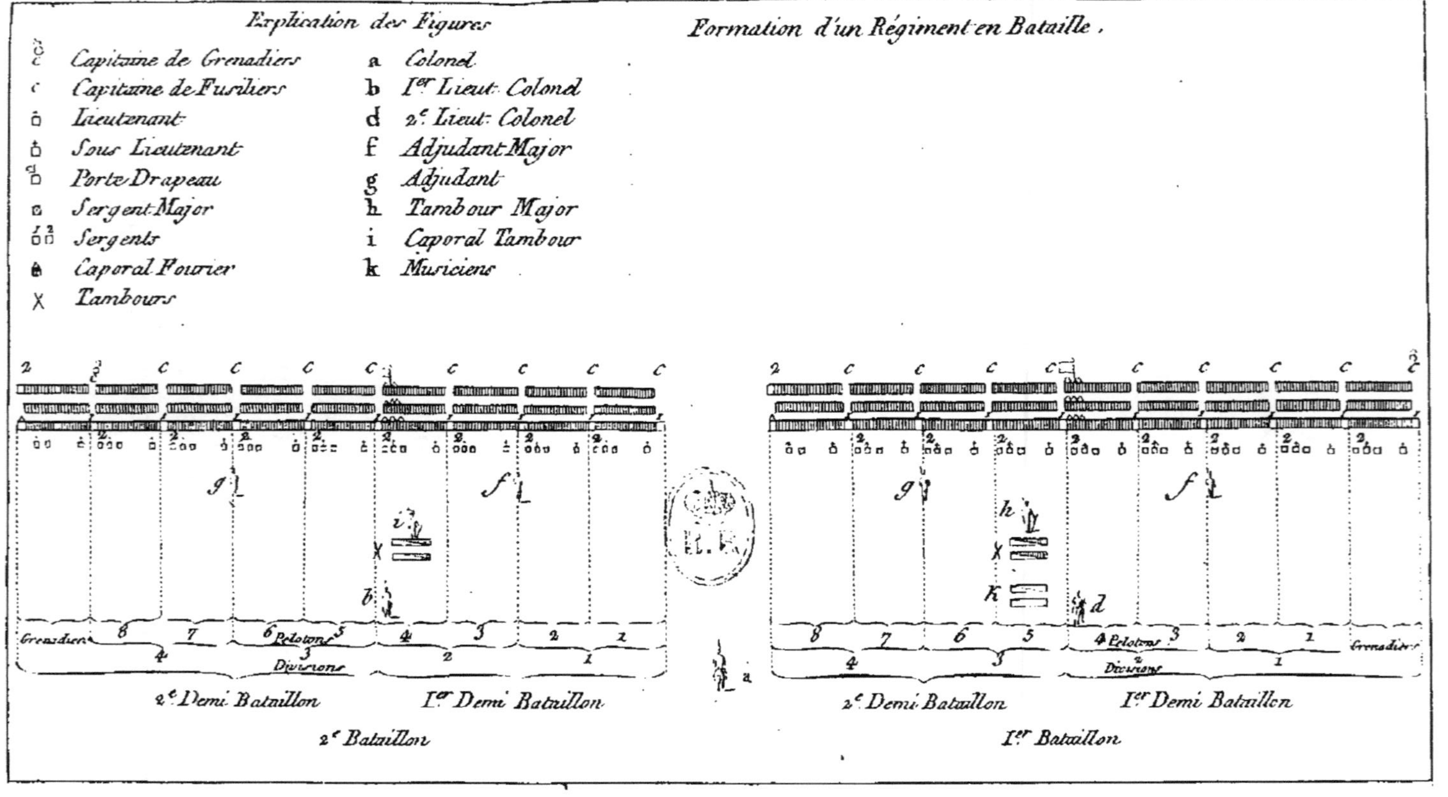
Formation d'un Régiment en Bataille.
Explication des Figures
Capitaine de Grenadiers
Capitaine de Fusiliers
Lieutenant
Sous Lieutenant
Porte Drapeau
Sergent Major
Sergents
Caporal Fourier
Tambours
a Colonel
b Ier Lieut: Colonel
d 2.e Lieut: Colonel
f Adjudant Major
g Adjudant
h Tambour Major
i Caporal Tambour
k Musiciens
Grenadiers
Pelotons
Divisions
2.e Demi Bataillon
Ier Demi Bataillon
2.e Bataillon
Ier Bataillon

droitement : tu ne mets point assez d'ensemble dans tes idées. Prends ton compas, et divise ta carte en dix-huit portions égales, en ménageant un intervalle après la neuvième. Marque autant de points que tu comptes de files et de rangs ; à l'extrémité des files de droite et de gauche, qui représentent ton peloton, trace une ligne que tu embrasses d'une accolade. Cet espace indique le terrain que doivent occuper les officiers supérieurs, les majors, etc., les tambours, les musiciens. Tu t'y prends mieux ; du courage, et nous y parviendrons. Il ne suffit pas de tracer des lignes, il faut encore par des signes caractéristiques désigner tes officiers et la place qu'ils doivent occuper. Je vais, si tu le veux, rectifier avec toi ton travail, et te tracer l'ordre d'un régiment en bataille.

ENTRETIEN DOUZIÈME. (XII)

MARINE.

BONAMI.

Mais, qu'as-tu donc, Charles? En quittant Boulogne, tu pleurais du plaisir de revoir bientôt ta Maman; nous approchons de Paris, tu parais triste, rêveur, ta contenance est embarrassée.

CHARLES.

Ma petite Maman va me faire, en m'embrassant, bien des questions sur notre voyage, sur les objets qui m'auront le plus frappé; et moi, je suis occupé de mes réponses : je voudrais la satisfaire, et lui donner une bonne idée de moi. — « Tu as vu la mer, des vaisseaux, des combats : eh bien! dis-moi donc, Charles, ce que c'est. » — Il faudra lui répondre, et lui répondre savamment; tu conçois mon embarras.

BONAMI.

On dit simplement ce que l'on a vu:

l'expression coule avec abondance de la bouche de la vérité.

Tu sais déjà que l'on entend par *Marine* toutes les opérations qui s'exécutent sur la mer, tout ce qui sert à ses opérations, tout ce qui a rapport au commerce, à la navigation, à la guerre qui se fait avec des vaisseaux; enfin la science de naviguer et de faire de bonnes manœuvres pour arriver sûrement dans un port.

Je t'ai fait entendre que la marine se divisait en deux parties distinctes, la *marine impériale* et la *marine marchande*. La marine *impériale* ou de l'*Etat*, comprend tous les bâtimens marins, grands et petits, armés en guerre, tels que les vaisseaux de ligne, les frégates, les galliotes à bombes, les brûlots, etc., que l'on équipe et que l'on met en mer pour combattre les ennemis de l'Etat; pour empêcher leur commerce; pour prendre leurs vaisseaux, les couler à fond ou les brûler; pour bombarder une ville, un port; pour faire des descentes, des entreprises hostiles, etc.

Et par *marine marchande* tu comprends tous les bâtimens marins qui ont pour objet unique de faire le commerce au-delà des mers, en y portant différentes choses de nécessité ou de luxe, pour les vendre ou les échanger contre ce qui manque dans un autre pays où ils vont les transporter. La marine marchande ne combat que contre des corsaires ou des vaisseaux ennemis, quand il faut défendre ses intérêts particuliers.

Sont compris encore sous le nom de *Marins* les hommes de mer, officiers, soldats, matelots; en un mot, les hommes au service de l'Etat, chargés de diriger, de conduire, de manœuvrer, de défendre un vaisseau, de livrer des combats sur mer, comme tu l'as vu récemment.

LA MER. Voudrait-on savoir de toi ce que c'est que *la mer?* tu n'hésiterais pas sans doute de répondre que la mer est une vaste étendue d'eau salée qui couvre la terre en différens endroits du globe terrestre, et où se rendent les fleuves, les rivières; que la mer diffère

des

des fleuves et des rivières, non-seulement par son étendue, par l'âpreté de ses eaux, qui ne sont pas potables, mais encore par son agitation, ses flots, l'absence d'un courant sensible, et par un flux et reflux périodiques, plus ou moins considérables sur certaines côtes (1), et par la présence des tempêtes qu'excite le choc des vents sur une vaste étendue d'eau. Pour prévoir ou pour braver tant de périls dont la mer épouvantait l'audace du navigateur, l'homme, tourmenté du désir de connaître des mondes qu'il soupçonnait, et surtout avide de trésors, ne s'est pas contenté de perfectionner ses vaisseaux; il appela beaucoup de scien-

(1) Lorsque la mer s'enfle et se gonfle, et vient inonder par degré ses plages ou rivages, ce mouvement périodique s'appelle *flux*; et l'on nomme *reflux* la descente des eaux de la mer qui se retire comme elle est montée, c'est-à-dire en six heures. Rentrée dans ses bornes ordinaires, la mer prend alors le nom de *basse mer*.

ces à son secours, inventa la boussole (1), et créa l'art de la navigation.

NAVIGATION ; c'est la science de diriger la route d'un vaisseau, de le conduire en sûreté à sa destination ; de déterminer à quel point de latitude et de longitude on se trouve, et d'estimer la

(1) La boussole est le guide du navigateur ; c'est à elle que l'on doit la découverte de l'Amérique et des mers que l'on n'aurait jamais osé traverser. Sur la frégate que nous montions, je t'ai fait remarquer cet instrument de mathématiques, composé d'un cercle divisé en trois cent soixante degrés, sur lequel on voit aussi, à travers le verre qui le couvre, les airs et les vents. Tu as dû observer sur ce cadran une aiguille aimantée qui s'agite constamment sur la pointe d'un petit pivot fort aigu, et dont les mouvemens conduisent toujours sa tête vers le pôle arctique, à quelques déclinaisons près. La boussole sert sur mer pour diriger la route d'un vaisseau : elle sert aussi sur terre pour lever les sinuosités des rivières, des bois, des chemins, et pour faire le détail des plans et des cartes ; elle est encore utile pour guider dans le travail des mines.

Vaisseaux *près d'aborder*

Tourcaty del et Sculp

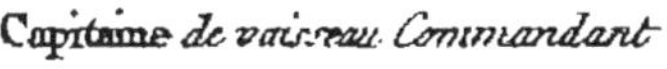

Capitaine *de vaisseau Commandant*

Jeune Matelot

longueur du chemin que l'on a parcouru.

ENTRETIEN TREIZIÈME. (XIII)

BONAMI.

VAISSEAU. Toi qui as vu la mer et le port (1) de Boulogne; toi qui montais une frégate qui y est rentrée victorieuse après un combat de trois heures, Charles, manquerais-tu d'idées pour me définir le mot *Vaisseau?* Il semble que tu veuilles instruire ton jeune frère Clément, quand tu dis qu'un vaisseau est une espèce de bateau bien grand, aussi élevé qu'une

(1) Un port de mer est une étendue d'eau qui s'avance dans les terres, où les vaisseaux peuvent aborder facilement, et y demeurer en sûreté à l'abri des tempêtes et des insultes de l'ennemi, et où l'on peut les charger et les décharger tranquillement; mais il est des ports, tels que ceux de Bayonne, de la Rochelle, etc., où les vaisseaux ne peuvent entrer qu'avec la marée montante ou le flux; ces ports s'appellent *ports de barre.*

maison à plusieurs étages, et qui a dans son intérieur des magasins, des salles, des chambres, des appartemens; enfin, qu'à l'aide de voiles attachées à des mâts qu'on y a élevés, il glisse avec rapidité sur la surface des eaux. Cette définition est assez bonne; mais songe que tu vas parler à ta Maman, à qui tu dois donner une plus haute idée de ton savoir.

CHARLES.

Eh bien! je dirai qu'un vaisseau est un édifice de bois, fait pour aller sur mer, soit pour y faire le commerce ou la guerre.

BONAMI.

Et que sous le nom général de *vaisseau* l'on comprend les navires, les frégates, les bâtimens de guerre, etc.

NAVIRE, nom commun à toutes sortes de bâtimens marins : cependant il désigne moins un vaisseau de guerre qu'un vaisseau marchand uniquement destiné au commerce. Il y a des navires marchands de différentes grandeurs ; on les distingue par la quantité de marchandises qu'ils peuvent contenir, ou par leur rang. Ceux du premier rang portent jusqu'à 800 tonneaux ; du second 600 ; du troisième 300 ; ceux du quatrième 200 (1) ; ceux d'un rang inférieur se nomment communément *brigantins.*

FRÉGATES. Ce mot excite ton intérêt, et c'est bien juste : on entend parler avec plaisir des instrumens de notre gloire. Allons, raisonne tes observations. Tu connais la destination de ce vaisseau léger, qui ne se bat jamais en ligne. — Mais porter les ordres du général aux chefs des escadres, aux commandans des divisions d'une armée de mer ; s'opposer aux brûlots (2) des ennemis ;

---

(1) Les marins entendent par *tonneau* un poids de 2,000 livres (97 myriagrammes 6 kilogrammes environ) ; ainsi, quand on dit un vaisseau de 200 tonneaux, on entend qu'il peut porter 200 fois 2,000 livres.

(2) Vieux bâtiment rempli d'artifice et de matières combustibles ; on s'en sert pour in-

secourir les vaisseaux maltraités et désemparés ; répéter les signaux, aller à la découverte ; escorter, protéger une flotte marchande ou un convoi militaire, sont les services que l'on attend de sa légèreté et de sa force. Que penses-tu de sa ressemblance avec un vaisseau de ligne ?

CHARLES.

Gréée comme un vaisseau de ligne, la frégate m'a paru n'en différer que par sa petitesse, et parce qu'elle est plus basse et n'a qu'une batterie et deux ponts. Mais si elle ne se bat pas en ligne, elle engage courageusement un combat, et va avec intrépidité à l'abordage (1).

---

cendier une flotte, pour mettre le feu à un vaisseau ennemi, auquel on l'attache avec des grapins.

(1) Sorte d'assaut entre deux vaisseaux pour en venir aux mains et s'emparer l'un de l'autre. Le vaisseau décidé à l'abordage se sert d'une ancre ou croc à quatre branches en croix pour s'accrocher au vaisseau ennemi, tandis que d'autres grapins, dont les pattes sont en cro-

BONAMI.

Mais tu prends feu, et tu parles d'une frégate en marin consommé : parlerais-tu de même d'un vaisseau de ligne.

CHARLES.

VAISSEAU DE LIGNE. J'entends par vaisseau de ligne tous bâtimens destinés pour les combats de mer, et dont se compose une armée navale. Un vaisseau de ligne, comme tu me l'as fait observer, est un bâtiment à poupe (1) carrée, qui, outre un mât de *beaupré*,

---

chet, se lancent de dessus les haubans et les vergues. *

(1) Poupe ou arrière, est la partie qui va la dernière en mer. — La *proue* ou *avant*, que l'on nomme aussi *éperon*, *pointe* ou *devant* du vaisseau, est la partie qui s'avance la première en mer.

* Les haubans sont des cordages qui servent à soutenir les mâts vers l'arrière et les côtés du bâtiment. La vergue est une pièce de bois posée en croix sur un mât. Les vergues ou les antennes portent les voiles : la vergue prend le nom de la voile qu'elle porte.

porte trois autres mâts, le *majeur*, de *hune* et de *perroquet*. Les vaisseaux de ligne n'ont pas moins de 50 canons en deux batteries. On classe les vaisseaux de guerre selon le nombre de canons qu'ils portent en batterie ou sur leurs ponts (1). Les plus forts vaisseaux de ligne ont communément 120 pièces de canons.

BONAMI.

Il me semble aussi que dans tes remarques sur les vaisseaux de ligne, tu m'as dit qu'ils formaient la principale force d'une armée navale; cela suppose les connaissances d'une flotte, d'une escadre.

CHARLES.

Je t'avoue, Bonami, que je n'ai sur une armée navale que des notions peu

(1) Le pont est le plancher qui termine le dessus d'un vaisseau, et qui sépare ses étages ou ses batteries. Ainsi un bâtiment de deux ou de trois ponts, est un bâtiment qui a deux ou trois batteries, deux ou trois étages.

étendues, que je te prie de me développer.

BONAMI.

ARMÉE NAVALE, est un certain nombre de vaisseaux de guerre assemblés en mer, portant des soldats et formant plusieurs escadres ou divisions, distinguées par 1.re, 2.e et 3.e divisions. La première est particulièrement commandée par l'amiral; la seconde et la troisième sont commandées par un officier supérieur ou chef d'escadre. On exécute sur mer plusieurs mouvemens communs à l'armée de terre. Toutes les évolutions, toutes les manœuvres, soit pour l'attaque ou la défense, sont indiquées par les signaux (1) du vaisseau amiral, et exécutées avec la rapidité de l'é-

(1) Les signaux se donnent, soit pas quelques coups de canon convenus, soit par des pavillons de différentes couleurs, ou avec des feux ou des fanaux allumés, qui indiquent aux vaisseaux de ligne ce qu'on leur commande ou ce qu'ils doivent exécuter pour concourir au succès d'une entreprise.

clair : souvent une frégate, attachée à ce vaisseau ou à celui du chef d'escadre, est particulièrement chargée de répéter ces signaux dans toute la ligne. Si le grand art d'un général d'armée de terre consiste à bien choisir le terrain où il veut combattre, à connaître toutes ses ressources, à en profiter, et en cas de malheur, à se ménager une retraite facile : celui d'un amiral ou d'un chef d'escadre est de gagner le vent, de s'en rendre maître, c'est-à-dire, de le recevoir le premier, et d'en ôter l'avantage à l'armée ennemie ; de veiller à ce que ses lignes ne soient ni entamées, ni divisées, et à ce que tous les vaisseaux à ses ordres puissent se secourir mutuellement. Trop faible pour résister aux forces supérieures de l'ennemi, il doit encore se ménager un asile où ses vaisseaux maltraités trouvent, avec la sûreté, le moyen de se rétablir promptement et de reparaître bientôt en mer avec de nouvelles forces, pour supporter de nouvelles fatigues. Mais n'anticipons pas sur les détails d'un art que l'expérience seule peut faire connaître. Près de paraître devant ta Maman, voyons un peu, Charles, comment tu feras le récit du combat où tu t'es trouvé.

ENTRETIEN QUATORZIÈME.

(XIV)

CHARLES.

Tu veux donc, Bonami, que je te fasse un récitatif de notre combat, comme si j'étais devant Maman; mais je pense que c'est inutile : si j'en crois le plaisir que d'avance j'éprouve à revoir Maman, je ne serai occupé qu'à l'embrasser, à la caresser, et à jouir de toute sa tendresse.

BONAMI.

Mais on te questionnera; et alarmée encore des périls que tu as courus, ta Maman voudra savoir jusqu'aux plus petites choses; il faudra parler; il serait alors trop honteux pour toi de balbutier quelques mots insignifians, toi qui a eu quelque part à cette affaire glorieuse.

CHARLES.

Quelle joie pour cette bonne Maman, quand je lui dirai que je me suis battu aussi, et que le fils du capitaine fut mon prisonnier. Je la vois trembler, pleurer, m'embrasser et m'embrasser encore.

BONAMI.

Vous êtes vaniteux, monsieur Charles? vous m'affligez.

CHARLES.

Tu me grondes, je crois, Bonami; t'aurais-je offensé? Ne m'as-tu pas dit d'être toujours sincère? et n'est-ce pas la vérité?

BONAMI.

Sans doute; mais il n'est pas bienséant de faire soi-même son éloge : laissons aux autres le soin d'apprécier et nos vertus et nos talens : la modestie est le partage du mérite; la vanité lui ôte de son prix. On supporte avec peine l'homme orgueilleux, qui, toujours occupé de lui, se vante avec impudence : il blesse l'amour-propre, offense et devient méprisable. C'est dans son cœur que l'homme délicat trouve la récompense d'une belle action. Faire bien et se taire, est une vertu que de bonne heure tu dois t'accoutumer à pratiquer. Tu rougis, tu baisses les yeux; embrasse moi; oublions ce petit moment de vanité de ta part, et de sévérité de la mienne, et commence ton récit comme si ta Maman était présente.

CHARLES.

A peine arrivés à Boulogne, Bonami et moi nous nous rendîmes à bord (1) de la frégate *la Julie*, que commandait le jeune frère de Papa. Le ciel était pur, la mer calme; un vent léger semblait se jouer dans nos voiles, et nous inviter à la victoire. A l'instant même mon petit oncle reçoit l'ordre d'obser-

---

(1) *Se rendre à bord*, c'est entrer dans un vaisseau; et *venir à bord*, c'est approcher un vaisseau, comme lorsque les divisions d'une armée navale viennent au vaisseau amiral, ou quand un vaisseau obéit à un autre.

ver quelques bâtimens anglais qui restaient en panne (1) devant notre division. Nous bossons nos *ancres* (2) et portons toutes nos voiles (3) : la mer

---

(1) *Rester en panne*, c'est rester en un endroit vis-à-vis de l'ennemi, ou pour lui en imposer, ou pour ne pas compromettre ses forces, et attendre le moment favorable de se mettre en mouvement. Pour cet effet, on dispose les voiles de manière à ce que les unes tendent à faire avancer le vaisseau, les autres à le faire reculer.

(2) *Bosser les ancres*, c'est les mettre sur les bosseurs, qui sont des poutres placées en saillie sur chaque côté de l'avant d'un vaisseau.

L'ancre est une grosse machine de fer en barre, formant un T recourbé, terminé en forme de patte d'oie ou de cœur par chacun des bouts de sa tête. L'ancre sert à maintenir les vaisseaux en mer, et pour cet effet, les ancres ont un anneau auquel on attache un câble. Les ancres pèsent depuis 500, jusqu'à 5 à 6 mille livres.

(3) *Porter toutes ses voiles*, c'est les avoir toutes appareillées. Les voiles sont des toiles assemblées, et qu'on attache aux vergues des mâts d'un bâtiment, afin de recevoir l'impulsion du vent. Les voiles sont plus ou moins

fuit devant nous. Bon voilier, notre

---

grandes : la plupart sont de figure de carré-long; les autres sont triangulaires ou à trois pointes; chacune porte le nom du mât, de la vergue, de l'étai ou de la place qu'elle occupe. Celles qui ont quatre côtés sont la *grand'voile,* nommée ainsi parce qu'on l'attache à la vergue du grand mât; elle procure beaucoup de vîtesse au bâtiment; la voile de *misaine*, d'*artimon*, du *grand hunier*, du *petit hunier*, du *perroquet*, du *perroquet de fougue*, la *perruche*, la *civadière* : celle-là, quoiqu'elle soit portée par une vergue qui croise obliquement le mât de beaupré, n'en prend point le nom. Les voiles à trois coins, ou triangulaires, les voiles amarrées à des vergues obliques, sont le *grand foch*, placé en avant du mât de beaupré; le *petit foch*, placé au-delà du grand foch sur le mât de beaupré; la *civadière*, ou *contre-civadière*, amarrée au-dessus de la civadière; et enfin les voiles d'*étai* et de *faux-étai*, qui se hissent entre les mâts, et qui en portent le nom, ou celui du cordage auquel on les attache: ces voiles triangulaires, ainsi que les bonnettes, servent à recevoir plus de vent. On en emploie une partie, quelquefois on les met toutes au vent, lorsqu'il est faible et qu'on n'en saurait trop prendre. Les vaisseaux à trois mâts portent trente-deux voiles, toutes comprises.

bâtiment est bientôt à la portée de canon d'une frégate moins légère que les autres bâtimens ennemis qui venaient de fuir. De bas-bord et de stribord (1), notre artillerie l'écrase, brise sa mâture : la mer est en feu. Cependant l'ennemi se défend toujours avec courage, et semble se multiplier pour réparer ses dommages sans cesse renaissans. Enfin son feu devient moins vif; ses dangers croissent, il se trouble; le tumulte est partout : notre capitaine ordonne l'abordage. Déjà soldats, matelots, tout est en armes sur le pont; on jette les grapins, on s'attache à la frégate anglaise. Au bruit de la mousqueterie succèdent les cris des vainqueurs et des vaincus; le sabre, le pistolet, la hache, sont les seules armes du courage et du désespoir. On se cherche, on se menace, on se joint, on se frappe. Là, le vainqueur

(1) *Bas-bord*, le côté gauche d'un vaisseau, en le regardant de la poupe à la proue; et *stribord*, le côté droit, en le considérant du même point de vue.

est entraîné par son ennemi mourant, à la mer qui les engloutit ensemble : la fureur est dans tous les yeux; la mort vole. Près de triompher, nous voyons notre proie nous échapper; nous redoublons d'efforts et d'intrépidité. On pénètre à la Sainte-Barbe (1), on s'en rend maître; on entre partout avec l'ennemi qui fuit ou demande grâce; le capitaine anglais tombe percé de coups aux pieds de mon oncle, et couvre de son sang son malheureux fils, presque mourant. A peu près de son âge, je ne pus m'empêcher de l'embrasser comme mon frère: je tâchai de le consoler. Je pleurai avec lui son père qui était mort couvert de gloire; je lui tendis la main pour le relever; et connoissant ta sensibilité, ô ma bonne Maman! je lui promis l'honneur de ta bienveillance : mais il n'a pu survivre à la douleur de la perte qu'il avait faite. Je le regrette : il était sensible; son

(1) La Sainte-Barbe est le lieu d'un vaisseau où l'on garde la poudre, les munitions de guerre et les ustensiles de l'artillerie.

amitié m'aurait été bien chère. Enfin, Maman, après un combat de trois heures, nous rentrâmes avec notre capture dans le port, au bruit des acclamations du peuple et des salves d'artillerie de toute la flotte.

BONAMI.

Tu parles de toi assez modestement; d'ailleurs ton bon cœur pourrait te mériter un peu d'indulgence : mais ce qui n'est pas pardonnable, c'est d'affaiblir la vérité.

CHARLES.

Aurais-je menti?

BONAMI.

Ou mal vu du moins. Est-il probable que trois bâtimens prennent la fuite devant un faible vaisseau? Tu n'as donc pas remarqué qu'une division de la flotte s'avançait pour protéger notre frégate, et que craignant de compromettre ses forces, l'ennemi prit le large?

CHARLES.

Je ne voyais que la gloire. L'attente

d'un combat, spectacle nouveau pour moi, m'occupait tout entier. Quelle qu'en soit la cause, il est cependant certain que l'ennemi a fui devant nous.

ENTRETIEN QUINZIÈME. (XV)

BONAMI.

GRAND Officier de la légion d'honneur, Monsieur votre père vient d'être élevé aux premières dignités de l'ordre des Trois-Toisons-d'Or. Madame votre Maman nous en instruit par un de ses gens dépêché en courrier. Elle est allée à la rencontre de son époux qui vient prendre les ordres de l'Empereur. Monsieur votre Papa et madame votre Maman n'arriveront à Paris que dans deux jours; ils veulent se réserver le plaisir d'y recevoir le jeune vainqueur des Anglais.

CHARLES.

Quoi! savent-ils déjà?...

BONAMI.

Cette aimable pudeur qui colore ton

visage, mon cher Charles, fait l'éloge de ton ame, et devient ma plus douce récompense. Pour charmer les heures qui doivent s'écouler jusqu'au moment où il te sera permis de jouir des embrassemens de ta famille, livrons-nous à l'étude de notre langue, que nos occupations militaires nous ont fait négliger.

Arrêté dans ta lecture par les petits signes que tu y rencontres fréquemment, je vais t'en faciliter l'intelligence par une explication aussi simple qu'il me sera possible.

De la Cédille. (¸)

La cédille est une figure en forme d'un petit *c* renversé que l'on place sous le *c* pour affaiblir la dureté qu'il a devant *a*, *o*, *u*. Ainsi, pour adoucir sa prononciation, on écrit *glaçant*, *glaçon*, *reçu*; et l'on prononce *glassant*, *glasson*, *ressu*, ne faisant sentir qu'un *s*.

Du Tréma. (¨)

Le tréma est composé de deux points

que l'on place horizontalement sur les voyelles *e*, *i*, *u*, pour indiquer qu'elles doivent être prononcées séparément de la voyelle qui les précède, comme *aïeux*, *ciguë*, *ambiguë*, *Saül*; cependant on écrit sans tréma la voyelle précédée ou suivie de l'*é* fermé, comme *déiste*, *réussir*, *épié*, etc.

De la Parenthèse. ( )

La parenthèse est, comme tu le vois, deux arcs opposés par leurs cavités, entre lesquels on enferme une phrase détachée de la phrase principale, mais qui est toujours complète. On s'en sert encore pour renfermer l'indication d'une note, etc.

Du Trait d'Union. (-)

Le trait d'union est un petit trait horizontal que l'on met entre deux mots qu'on veut joindre et qui perdent leur acception commune, comme *garde-fou*, *avant-garde*, *arrière-garde*, etc.

On le met après le verbe, quand il est suivi d'un pronom : *irai-je*, *vien-*

dras-tu, *pensez-vous*; et encore entre *ceux-ci*, *ceux-là*, *cet homme-ci*, *oui-dà*.

Sous le nom de *division* on s'en sert à la fin d'une ligne dont une partie du dernier mot est portée à la ligne suivante.

Du Guillemet. (»)

Le guillemet est un signe en forme d'une double virgule que l'on met au commencement des lignes pour marquer une citation.

PONCTUATION.

La ponctuation est l'art d'indiquer dans l'écriture les pauses que l'on ferait en parlant : six signes ponctuaires, la virgule (,), le point virgule (;), les deux points (:), le point (.), le point exclamatif (!), et le point interrogant (?), sont consacrés, si je puis me permettre cette expression, à noter le discours.

De la Virgule.

La virgule sert à marquer la plus petite pause.

Du Point-Virgule.

Le point-virgule note une pause un peu plus forte; on l'emploie aussi après différens membres d'une période, renfermant plusieurs parties déjà séparées par des virgules. Tiens, voici un exemple de l'emploi de la virgule et du point-virgule, que je trouve sous ma main en ouvrant l'Oraison funèbre de Turenne, de ce héros qui fut long-temps l'unique modèle des guerriers.

« La valeur n'est qu'une force aveu-
» gle et impétueuse, qui se trouble et
» se précipite, si elle n'est éclairée et
» conduite par la probité et par la pru-
» dence; et le capitaine n'est pas ac-
» compli, s'il ne renferme en soi l'hom-
» me de bien et l'homme sage. »

Des Deux Points.

Les deux points marquent encore une pause plus longue que le point-virgule: on les place après une phrase finie, mais suivie d'une autre phrase qui l'éclaircit ou qui l'étend. *Exemple :* « Qu'est-ce » qu'une armée ? — C'est un corps ani- » mé d'une infinité de passions diffé- » rentes, qu'un homme habile fait mou- » voir pour la défense de la patrie : c'est » une troupe d'hommes armés qui sui- » vent aveuglément les ordres d'un chef » dont ils ne savent pas les intentions. »

On se sert encore des deux-points quand on passe à un discours direct qu'on rapporte : »

> Voici comme ce Dieu vous répond par
> ma bouche:

Du Point interrogant.

Le point interrogant se met à la fin d'une phrase interrogative. *Exemple :* « Y eut-il jamais homme plus sage et » plus prévoyant, qui conduisît une » guerre avec plus d'ordre et de juge- » ment, qui eût plus de précaution et » de ressources ; qui fût plus agissant » et plus retenu ; qui disposât mieux » toutes choses à leur fin ; et qui laissât » mûrir ses entreprises avec tant de » patience ? »

Du Point exclamatif.

Le point exclamatif se met à la fin des phrases qui expriment le désir, la joie, la surprise, la terreur, la pitié. *Exemple :* « Que ne puis-je vous re-
» présenter ici une de ces importantes
» occasions où il attaque avec peu de
» troupes toutes les forces de l'Alle-
» magne! »

> Ah! c'est lui! je le vois, c'est mon fils!
> mon cher fils!

« O terre! ô terre! reçois un mou-
» rant qui ne peut plus se relever!.......
» Plus de nourriture; plus d'espé-
» rance! »

Du Point.

Le point, qui indique le repos le plus long, se met à la fin d'une phrase après un sens parfait : de tous les signes ponctuaires c'est celui dont le véritable emploi est moins difficile à connaître.

ENTRETIEN SEIZIÈME. (XVI)

CHARLES.

DEPUIS que tu m'as expliqué la valeur des signes de la ponctuation, la lecture me semble plus facile, et j'en saisis mieux le sens. Tu m'avais flatté aussi, quand je saurais lire, de me faire connaître par une table comparative les rapports qu'il y a entre les chiffres arabes et les chiffres romains : je t'ai promis de bien lire, et je lis couramment, j'écris même assez bien ; tu ne saurais, Bonami, me refuser cette instruction que tu m'as promise.

BONAMI.

Mais cette connaissance est peut-être encore trop forte pour toi ; ton esprit n'est peut-être pas encore capable de toute l'application qu'exige la science des nombres : d'ailleurs il serait difficile, pour ne pas dire impossible de connaître les rapports qui existent entre deux objets dont on ignorerait la valeur partielle. J'ai besoin de toute ton attention.

Chiffres Arabes. — Leur valeur.

On se sert dans la numération de
1 2 3
dix caractères, savoir : un, deux, trois,
4 5 6 7 8 9
quatre, cinq, six, sept, huit, neuf,
0
zéro. Le 0 seul ne signifie rien; mais étant mis à la droite d'un chiffre, il rend la valeur de ce chiffre dix fois plus grande. Un 0 après le chiffre 6, par exemple, marque six dixaines ou 60; deux 00 après 6, comme 600, marquent les centaines : ce qui fait six cent. Trois 000 après 6 marquent des mille ou milliers, etc. La valeur des chiffres va donc en augmentant de droite à gauche, en proportion décuple (ou de dix); c'est-à-dire que l'unité d'un chiffre

plus à gauche, vaut dix fois plus que s'il était dans une colonne plus avancée vers la droite. Ainsi dans le nombre 3,521,706, le premier chiffre 6 vaut six unités; le second chiffre o tient lieu de la dixaine qui manque; le chiffre 7 vaut sept centaines; le chiffre 1 vaut mille : mille vaut dix fois cent; le chiffre 2 vaut vingt mille; le chiffre 5 vaut cinq cent mille, et le chiffre 3 vaut trois millions : un million vaut dix fois cent mille.

Exemple :

6	Nombre.	Ainsi 3,521,706 sign. trois millions cinq cent vingt-un mille sept cent six
0	Dixaine.	
7	Centaine.	
1	Mille.	
2	Dixaine de mille.	
5	Centaine de mille.	
3	Million.	

Chiffres Romains. — Leur valeur.

Pour caractères numératifs, ou chiffres (je t'en ai indiqué l'usage actuel), les Romains avoient consacré sept let-
un cinq dix cinquante cent
tres, savoir : I, V, X, L, C,
cinq cent mille
D, M. Pour te rendre sensible leur manière d'augmenter ou de diminuer la valeur de leurs chiffres ou lettres, je vais te tracer ce tableau comparatif.

TABLEAU COMPARATIF

Des Chiffres Arabes et Romains.

Valeur.	*Chiffres Arabes.*		*Chiffres Romains.*
Un	1		I.
Deux	2		II.
Trois	3		III.
Quatre	4		IV.
Cinq	5	Unités.	V.
Six	6		VI.
Sept	7		VII.
Huit	8		VIII.
Neuf	9		IX.

Valeur.	*Chiffres Arabes.*		*Chiffres Romains.*
Dix	10	Dixaines et unités.	X.
Onze	11		XI.
Douze	12		XII.
Treize	13		XIII.
Quatorze	14		XIV.
Quinze	15		XV.
Seize	16		XVI.
Dix-sept	17		XVII.
Dix-huit	18		XVIII.
Dix-neuf	19		XIX.
Vingt	20	Dixaines réunies sans unités.	XX.
Trente	30		XXX.
Quarante	40		XL.
Cinquante	50		L.
Soixante	60		LX.
Soixante-dix	70		LXX.
Quatre-vingt	80		LXXX.
Quatre-vingt-dix	90		XC.
Cent	100	Centaines.	C.
Deux cents	200		CC.
Trois cents	300		CCC.
Quatre cents	400		CD.
Cinq cents	500		D.
Six cents	600		DC.
Sept cents	700		DCC.
Huit cents	800		DCCC.
Neuf cents	900		DCCCC.
Mille	1000		M.

ENTRETIEN DIX-SEPTIÈME. (XVII)

BONAMI.

Impatient de savoir, tu veux entasser connaissances sur connaissances, sans te donner le temps ni de les méditer, ni de les approfondir; tu les effleures, et la confusion dans tes idées, plus honteuse que l'ignorance même, en est la suite funeste. Hier tu voulais te livrer au calcul, comparer les chiffres arabes et romains, et en connaître la valeur; aujourd'hui tu me demandes une explication des poids et des mesures. Je voudrais ne pas te refuser. Né depuis l'adoption du nouveau système décimal, les anciens poids, les anciennes mesures doivent t'être peu familières; cependant il te serait utile de les connaître aussi, tant pour l'intelligence des auteurs qui les ont employés, que pour apprécier les avantages qui résultent de cette innovation heureuse, sollicitée depuis long-temps.

SYSTÊME DÉCIMAL

DES NOUVEAUX POIDS ET MESURES.

Le nouveau systême des poids et mesures, débarrassé des uniformités et des erreurs de l'ancien, se complète de cinq branches principales, qui sont :

1.° Les mesures *linéaires*, ou de *longueur*;

2.° De *superficie*, ou de *surface*;

3.° De *capacité*;

4.° Les poids;

5.° Les monnaies.

Chaque branche a une *unité* dont le nom, soumis à des modifications qui indiquent les progressions ou les divisions, se retrouve cependant dans ses déclinaisons et dans ses augmentations. Pour mieux me faire comprendre, je vais mettre sous tes yeux les *unités* de chaque branche. Une douzaine de mots dont tu meubleras ta mémoire, te donneront, si tu veux en faire une juste application, toute la science de l'objet dont nous parlons.

Unités des cinq branches décimales.

MÈTRE, mesure de longueur, l'élément de toutes les mesures et même des poids, destiné à remplacer le pied, l'aune (1) et la toise, et valant 3 pieds 11 lignes et demie.

ARE, mesure agraire, ayant 10 mètres de longueur et 10 mètres de largeur (10 mètres carrés), substitué aux mesures inégales de perche (2), d'acre, d'arpent, etc.

LITRE, mesure de capacité, qui remplace, tant pour les matières sèches que pour les liquides, les anciennes mesures, telles que litrons, boisseaux, setiers, pintes, muids, etc., contenant le 10.e cube (3) du mètre.

---

(1) L'aune ordinaire a 3 pieds 7 pouces 10 lignes environ; la toise a 6 pieds; le pied 12 pouces; le pouce 12 lignes.

(2) La perche avait, selon les pays, 18, 20, 22 pieds; l'acre contenait un arpent et demi environ; l'arpent 100 perches carrées.

(3) Un mètre cube, par exemple, est un

STÈRE, mesure de capacité pour le bois, égale au mètre cube.

GRAMME, petit poids qui répond à 18 grains et quelque chose.

FRANC, poids de cinq grammes, qui remplace la livre (1) tournois, et valant 1 livre 3 deniers.

Chaque unité des cinq branches décimales est susceptible d'augmentation et de diminution. *Déci, centi, milli,* — *déca, hecto, kilo, myria*, sont les mots que l'on place devant le nom d'une unité quand on veut diminuer ou augmenter sa valeur : ces mots sont communs aux unités de chaque branche. *Déci* signifie 10.e d'une unité, *centi* 100.e, *milli* 1000e. — *Déca* signifie 10, *hecto* 100, *kilo* 1000, *myria* 10,000.

---

mètre en longueur, autant en largeur, autant en profondeur.

(1) La livre se divisait en 2 marcs, le marc en 8 onces, l'once en 8 gros, le gros en 3 scrupules ou deniers, et le denier en 24 grains.

EXEMPLE :

MESURES LINÉAIRES.

Divisions du mètre.

Déci-mètre, 10.e du mètre.
Centi-mètre, 100.e du mètre.
Milli-mètre, 1000.e du mètre.

Progressions du mètre.

Déca-mètre, 10 mètres.
Hecto-mètre, 100 mètres.
Kilo-mètre, 1000 mètres.
Myria-mètre, 10,000 mètres.

MESURES DE SURFACE.

Divisions de l'are.

Déci-are, 10.e de l'are.
Centi-are, 100.e de l'are (mètre carré).
Milli-are, 1000.e, inutile à cause de sa petitesse.

Progressions de l'are.

Déc-are, 10 ares.
Hect-are, 100 ares (hectomètre carré).
Kyl-are, 1000 ares.
Myri-are, 10,000 ares (kilomètre carré).

MESURES DE CAPACITÉ.

Divisions du litre.

Déci-litre, 10.e du litre.
Centi-litre, 100.e du litre.
Milli-litre, 1000.e du litre (centimètre cube).

Progressions du litre.

Déca-litre, 10 litres.
Hecto-litre, 100 litres.
Kilo-litre, 1000 litres.
Myria-litre (Cette mesure de 10,000 litr. n'existe pas, comme étant trop forte).

Divisions du gramme.

POIDS.

Déci-gramme, 10.ᵉ du gramme (grain).
Centi-gramme, 100.ᵉ du gramme.
Milli-gramme, 1000.ᵉ du gramme (poids du millimètre cubique d'eau).

Progressions du gramme.

Déca-gramme, 10 grammes.
Hecto-gramme, 100 grammes.
Kilo-gramme, 1000 grammes.
Myria-gramme, 10,000 grammes.

Divisions du stère.

Déci-stère ou solive, 10.ᵉ du stère.
Centi-stère, 100.ᵉ du stère.
Milli-stère, 1000.ᵉ du stère.
(Le stère n'a point de multiples en usage.)

Divisions du franc.

Décime, 10.ᵉ du franc.
Centime, 100.ᵉ du franc.
Millime, 1000.ᵉ du franc.
(Le franc n'a point de multiples en usage.)

En acquérant la réflexion que donnent l'âge et l'habitude du travail, le systême décimal se déroulera facilement devant toi : je t'en parlerai quelquefois, quand l'occasion s'en présentera. Voici la lettre de ta Maman ; déjeûnons, et partons de suite pour Paris.

ENTRETIEN DIX-HUITIÈME. (XVIII)

BONAMI.

Comme te voilà superbement habillé! en uniforme de marin! C'est te donner d'avance de jolies étrennes. On récompense le courage.... La joie est dans tes yeux : ta vocation est donc décidée?

CHARLES.

La terre est soumise, on va dompter la mer; j'y ai fait mes premières armes, Bonami, et je mourrai marin. L'accueil que j'ai reçu de mon petit Papa, les embrassemens de ma chère Maman, l'intérêt que toute la maison prenait à ton cher Charles, les louanges dont on m'honorait, tout m'imposait le devoir de suivre une carrière où j'ai eu un peu de bonheur. Comme on demandait, on écoutait les détails du combat où nous nous sommes trouvés! Quelle fête! jusqu'à mon pauvre Azor, mon pauvre chien, il semblait écouter, partager la joie commune et s'épuiser en caresses.... Si l'on est ainsi récompensé quand à peine on a fait son devoir, quel prix doit-on attendre quand on se surpasse?

BONAMI.

Essuyons les larmes d'attendrissement qui roulent dans nos yeux: vois sur ta table les présens que ton Papa, ta Maman et ton Oncle viennent d'y faire déposer.

CHARLES.

Des bourses pleines d'argent? je n'en ai pas besoin; j'ai avec mes épargnes fait copier secrètement en miniature le portrait de Papa et de Maman : j'offre celui de Papa en étrennes à ma Sœur, et je me donne celui de Maman : mes étrennes seront assez belles, je n'en veux pas d'autres.

BONAMI.

Mon cher enfant, il ne suffit pas de penser à soi. Le domestique de ton Papa te prodigue ses soins dès ta plus tendre enfance; les besoins de la vie, j'en conviens, lui en font un devoir; mais il aime sincèrement son jeune maître ; il te l'a récemment prouvé ; tu me l'as dit toi-même : tu lui en dois de la reconnaissance ; tu dois lui faire oublier par tes bienfaits les rigueurs de la fortune, et adoucir les privations de son état. Les richesses ne nous sont données que pour les verser sur les infortunés. Tout ce qui t'entoure, heureux de ton bonheur, doit en sentir la douce influence. Le guerrier est essentiellement humain, sensible et généreux. D'illustres exemples sont dans ta maison : la générosité est une des vertus de ta famille.

CHARLES.

Je t'écoute avec plaisir ; tu lis dans mon cœur. Mais, dis-moi, Bonami, comment récompenser ma nourrice ; ces services-là ne se paient point, et je ne suis pas encore assez riche pour reconnaître ses bienfaits. Comptons cependant cet argent, n'oublions personne ; n'oublions pas ce bon Maurice, qui tous les matins me préparait ces jolis bouquets que je présentais au lever de Maman et de ma Sœur. Voici le présent du Papa? Un billet! — *J'applaudis d'avance à l'usage que tu en feras.* — Il pense comme toi, mon cher Papa. Maman a aussi renfermé un billet dans la bourse : — *Mon cher fils, sois digne de ton père.* — Oui, je le serai. Le billet de mon Oncle, qu'en penses-tu, Bonami? il est honnête et délicat. — *Veuillez-bien, mon cher Charles, être le dispensateur de ma reconnaissance.*

BONAMI.

En comptant cet argent, en en divisant la somme pour la distribuer, nous serons obligés de faire quelques règles. Travaillons ensemble.

PRINCIPES D'ARITHMÉTIQUE.

Les quatre principales règles dont nous allons nous servir pour remplir l'objet qui nous occupe, sont l'*Addition*, la *Soustraction*, la *Multiplication* et la *Division*.

De l'Addition.

L'addition sert à rassembler plusieurs

sommes éparses en une somme totale. Voyons combien nous avons d'argent disponible. Ton Papa t'a donné 35 pièces d'or, valant chacune 20 fr.;

font	700 fr.
Ta Maman 32 pièces d'or, qui font.	640
Ton Oncle 34, qui font. . .	680
	2020 fr.

Pour parvenir à trouver ce total, il faut commencer par les unités, et dire, o, o et o font o : j'écris donc sous la ligne des unités o. Je passe à la colonne des dixaines, et je dis : o et 4 font 4, et 8 font 12; je pose 2 et retiens 1. Je passe à la colonne des centaines, et je dis : 1 de retenu et 7 font 8, et 6 font 14, et 6 font 20, je pose o, et avance 2, puisque je n'ai plus de colonne où le porter. Le total de la somme est donc de 2020 fr. La preuve de ton addition se fait par la soustraction. Voyons si nous ne nous sommes pas trompés; faisons une soustraction.

De la Soustraction.

La soustraction est une règle par laquelle on ôte un plus petit nombre d'un plus grand, pour savoir ce qu'il en reste. Je suppose que de cette somme de 2020. tu veuilles soustraire 700 fr., dont nous déterminerons l'emploi.

Pour faire cette soustraction, pour savoir combien il nous restera de 2020 fr. dont nous aurons extrait 700 fr., il faut 1.° écrire le plus petit nombre sous le plus grand, de manière que les unités soient sous les unités, les dizaines sous les dizaines, les centaines sous les centaines, ainsi de suite; 2.° retrancher ainsi, allant de droite à gauche, les unités des unités, les dizaines des dizaines, les centaines des centaines, etc., et écrire le reste sous une ligne que nous allons tirer, et la soustraction sera faite.

EXEMPLE:

2020 *fr.*	grand nombre.
700	petit nombre.
1320 *fr.*	

Qui de rien ou o paie o, reste o : je pose o. Qui de 2 paie o, reste 2 : je pose 2 sous sa colonne relative. Je passe à la troisième colonne, et je dis : qui de o paie 7? cela ne se peut : j'emprunte donc du chiffre précédent 1, qui vaudra une dizaine dans le rang pour lequel on l'emprunte, et je dis : qui de 10 paie 7 reste 3, je pose 3, et j'achève en disant : qui de 1 (car le 2 dont j'ai emprunté 1 ne vaut plus qu'un) paie rien, reste 1 : je pose 1 à ma colonne de restant, qui est, comme tu vois, de. . . . . 1320 fr.

Plaçons le nombre soustrait 700
sous le nombre restant et additionnons . . . . 2020 fr.

o et o font o, je pose o : 2 et o font 2, je pose 2 : 3 et 7 font 10, je pose o et retiens 1; et je dis, 1 et 1 de retenu font 2, je pose 2. Tu vois par-là que ton addition était bonne, puisque le nombre soustrait 700 fr. et le nombre restant 1320 fr. te donnent la somme totale de ton addition, qui est 2020 fr.

Pour faire la preuve d'une soustraction, on additionne tout simplement le nombre soustrait et le nombre restant, comme tu viens de le voir; si la somme de ces deux nombres est égale au nombre de dessus, c'est-à-dire au plus grand nombre, la règle est bonne.

De la Multiplication.

La multiplication est une règle par laquelle on prend un nombre qu'on appelle *multiplicande*, autant de fois qu'il est marqué par un autre nombre qu'on appelle *multiplicateur;* et la somme totale se nomme *produit.*

Supposons que tu donnes trois pièces d'or qui valent 60 fr., à chacune des 20 personnes qui composent une partie du domestique de ta maison; il faut connaître combien valent 20 fois 60. Pour cette opération, plaçons 1.° le chiffre du *multiplicande* (la quantité à multiplier) et ceux du *multiplicateur*, les uns sous les autres, de sorte que les unités soient sous les unités, les dizaines sous les dizaines, etc. : le plus petit nombre se place communément sous le plus grand. 2.° Lorsque le multiplicande contient plusieurs chiffres, on multiplie, allant de la droite à la gauche, chaque chiffre du multiplicande par le chiffre qui sert de multiplicateur; mais s'il y avait, comme dans notre règle, plusieurs chiffres au multiplicateur, nous multiplierions le multiplicande par chacun de ses chiffres, en nous ressouvenant de mettre le premier chiffre du produit sous le chiffre multiplicateur qui l'a donné.

EXEMPLE :

La somme de. . . .	60	(*multiplicande*).
à multiplier par. . . .	20	(*multiplicateur*).
Premier produit.	00	
Second produit.	120	
Total du produit. .	1200	

Opérons. Je dis 0 multiplié par 0, est 0, ou rien, je pose 0; 0-6, ou 6 fois 0? rien : pose 0. Reprenons la seconde tranche, et disons, 2 fois 0 est rien, ou 0; je pose o sous le chiffre du multiplicateur qui l'a donné; 2 fois 6 font 12, je pose 2 et j'avance 1. Additionnons : o, je pose o au total; o et o font o, je pose o; 2 est 2; 1 est 1. . . . . TOTAL. 1200

La preuve de la multiplication se fait par la division. Tu conçois que 60 fois 20 donnent la même somme que 20 fois 60.

Pour te faciliter dans la multiplication, je vais te dresser une table du produit de tous les nombres, deux à deux, depuis 1 jusqu'à 9, inclusivement.

1	2	3	4	5	6	7	8	9
2	4	6	8	10	12	14	16	18
3	6	9	12	15	18	21	24	27
4	8	12	16	20	24	28	32	36
5	10	15	20	25	30	35	40	45
6	12	18	24	30	36	42	48	54
7	14	21	28	35	42	49	56	63
8	16	24	32	40	48	56	64	72
9	18	27	36	45	54	63	72	81

Suppose, mon ami, que tu veuilles

savoir combien, par exemple, font 7 fois 6, cherche la case qui répond à 7 dans le premier rang horizontal supérieur, et à 6 dans le premier rang vertical de la gauche (ou réciproquement), le nombre 42 de cette case sera le produit cherché, et ainsi des autres. Mais puisqu'il nous reste encore quelques momens, passons à la division, qui est la quatrième règle.

De la Division.

La division est une opération par laquelle on cherche combien de fois un nombre qu'on appelle *dividende*, contient un autre nombre qu'on appelle *diviseur :* le résultat de cette opération s'appelle *quotient.* Pour diviser, par exemple, 12 par 3, je dis en 12 combien de fois 3 ? il est 4 fois : 12 est le dividende, 3 le diviseur, et 4 le quotient. Il est évident qu'en multipliant le diviseur 3 par le quotient 4, tu dois trouver le dividende 12. C'est en cela que consiste la preuve de la division.

Pour procéder à la division, 1.° on fait à côté du dividende un petit arc qu'on traverse d'une ligne droite sur laquelle on place le diviseur, comme tu vas le voir plus bas; on cherche combien de fois le diviseur est contenu dans le premier chiffre du dividende, et l'on pose le nombre donné au-dessous de la petite ligne; 2.° on multiplie ce quotient par le diviseur : le produit se retranche du chiffre du dividende, et s'il y a quelque reste, on l'écrit au-dessous; 3.° on abaisse à côté de ce reste le chiffre suivant du dividende; on cherche encore combien de fois le diviseur y est contenu, et on l'écrit à la suite du chiffre du quotient. On continue ainsi pour tous les chiffres du dividende, et l'on a le quotient tout entier.

Nous voulons diviser une somme de 7854 par 3 : écrivons le diviseur à côté du dividende.

EXEMPLE :

EXEMPLE :

Dividende. . . .	7854	3 (diviseur).
Premier produit. .	6	2618 (quotient).
2.e membre. . .	18	
2.e produit. . . .	18	
Reste.	0	
3.e membre. . .	3	
3.e produit. . . .	3	
4.e membre. . .	24	
4.e produit. . . .	24	
Reste.	0	

Commençons par la gauche du dividende, et disons : en 7 combien de fois 3? nous trouvons 2 : mettons le 2 au quotient; multiplions 3 par 2, ce qui nous donne 6 (1.er prod.) ; ôtons 6 de 7, reste 1. Abaissons 8 à côté de 1, ce qui fait 18, et disons : en 18 combien de fois 3? 6; mettons 6 au quotient; multiplions 6 par 3, le produit est 18; faisons la soustraction : qui de 18 paie 18? reste 0. Abaissons le chiffre suivant 5, et disons : en 5 combien de fois 3?

nous trouvons 1. Posons-le au quotient. Multiplions : 3 fois 1 est 3 (3.e prod.); soustrayons : qui de 5 paie 3? reste 2. A côté de 2 abaissons 4, dernier chiffre du dividende, ce qui nous fait 24; et disons : en 24 combien de fois 3? nous trouvons 8 fois; posons 8 au quotient : multiplions 8 par 3, et disons : 3 fois 8 font 24; soustrayons ensuite : qui de 24 paie 24? reste rien ou 0. Le quotient du dividende 7854, divisé entre trois personnes, est donc de 2618. Multiplie ce quotient par 3, ta règle sera bonne si son produit est égal au dividende 7854. Tu n'es pas sans avoir remarqué que les deux règles qui précèdent la division ont contribué à sa perfection.

Nous n'avons cependant ici qu'ébauché pour ainsi dire la division; mais, mon cher ami, le temps nous presse : courons au Palais-Royal, et revenons vîte chargés de présens pour les étrennes de ta Maman et de ta Sœur; bientôt après tu montreras à toute ta maison que tu es le digne fils d'un maître chéri et révéré.

Il est inutile, je pense, de te prier de ménager toujours l'amour-propre des gens dont tu veux reconnaître les services. Tu sauras, j'en suis certain, amener et saisir l'occasion de leur faire accepter avec reconnaissance et sans humiliation, cet argent que tu leur veux distribuer. As-tu remarqué avec quelle grâce ta petite Maman verse les bienfaits? Imite-là, et souviens-toi de cette pensée de Corneille que nous lisions ce matin :

Tel donne à pleines mains qui n'oblige personne:
La façon de donner vaut mieux que ce qu'on donne.

ENTRETIEN DIX-NEUVIÈME.

(XIX)

LÉGION D'HONNEUR.

CHARLES.

Ne rentrons pas, Bonami, sans donner quelques gages de ma reconnaissance à mon cher Clément; c'est lui qui, en m'embrassant de tout son cœur, m'a fait présent de ce beau sabre : *Je t'arme chevalier*, dit-il en me l'attachant. Ah! que ce poète était bien inspiré! Il avait un frère, sans doute, quand il s'est écrié:

Un frère est un ami donné par la nature!

Oui, mon frère sera mon meilleur ami; je réaliserai ses espérances; il me verra quelque jour mériter les honneurs dont il m'a gratifié: quelque jour j'aurai aussi une Croix d'honneur; oui, je l'obtiendrai en marchant sur les traces de Papa: les actions d'éclat ont toujours obtenu cette faveur précieuse. Dès long-temps la légion d'honneur existe en France, Bonami?

BONAMI.

A peine étais-tu sorti du berceau quand cet ordre prit naissance. Politique, équitable et généreux, Napoléon voulut réunir par un même lien tous les contemporains célèbres, et rassembler dans un seul faisceau tous les rayons de la gloire nationale. Juge éclairé des droits de chaque citoyen, il voulut honorer d'une récompense commune à tous les genres de succès, le courage, la vertu et les talens; et le 29 floréal an X (19 mai 1802), il institua la Légion d'Honneur: mais ce fut le 26 messidor an XII (15 juillet 1804), que cet ordre parut dans tout son éclat. Tu n'as point vu cette fête brillante et majestueuse, cette cérémonie auguste où tous les membres de la légion d'honneur qui étaient alors à Paris, prêtèrent entre les mains de S. M. l'Empereur le serment de se dévouer au service de l'empire et de sa personne.

CHARLES.

Ah! raconte-m'en donc, je t'en prie, tous les détails.

BONAMI.

A midi, au bruit d'une salve d'artillerie, S. M. l'Empereur, précédé des maréchaux de l'empire, du prince connétable, et suivi des colonels généraux de sa garde, partit à cheval du palais des Tuileries pour se rendre aux Invalides.

De nombreuses décharges du canon des Invalides annoncèrent bientôt l'arrivée de S. M. l'Empereur. Le gouverneur vint le recevoir en dehors de la grille, et lui présenta les clefs de l'hôtel.

Les grands dignitaires, les ministres et les grands officiers de l'empire, le grand chancelier et le grand trésorier de la légion d'honneur prirent rang dans le cortége. Le cardinal archevêque de Paris, avec son clergé, reçut S. M. à la porte de l'église, et la conduisit processionnellement sous le dais jusqu'au trône impérial, au bruit d'une marche militaire et des plus vives acclamations.

Derrière l'autel, sur un immense amphithéâtre, étaient rangés sept cents invalides et deux cents jeunes élèves de l'Ecole Polytechnique, attendrissante réunion de la gloire et de l'espérance de la patrie. Toute la nef était occupée par les grands officiers, commandans, officiers et membres de la légion d'honneur.

Après l'évangile, le grand chancelier a énergiquement développé les avantages qui allaient résulter de cette réunion des plus illustres soutiens du gouvernement et de la patrie; et, d'après les ordres de S. M., il appela successivement les grands officiers de la légion d'honneur, qui se sont approchés du trône et ont prêté individuellement le serment prescrit.

L'Empereur s'étant couvert, et s'adressant aux commandans, officiers légionnaires, a prononcé d'une voix forte

et animée, ces mots d'éternelle mémoire :
« Commandans, officiers légionnaires,
» citoyens et soldats, vous jurez sur
» votre honneur de vous dévouer au
» service de l'Empire et à la conserva-
» tion de son territoire dans son in-
» tégrité ; à la défense de l'EMPEREUR,
» des lois de la République, et des pro-
» priétés qu'elles ont consacrées ; de
» combattre par tous les moyens que la
» justice, la raison et les lois autorisent,
» toute entreprise qui tendrait à établir
» le régime féodal ; enfin, vous jurez de
» concourir de tout votre pouvoir au
» maintien de la liberté, bases premières
» de nos constitutions : vous le jurez ? »

Debout, la main élevée, tous les membres de la légion ont répété simultanément : *Je le jure ;* et les cris de *Vive l'Empereur* se sont renouvelés de toutes parts. Ces derniers mots, prononcés avec l'accent d'une énergie profonde, ont porté dans toutes les ames l'émotion la plus vive. Il me serait difficile de décrire la sensation que ce moment a produite. Les monumens de la gloire française, suspendus aux voûtes de la nef, dans laquelle étaient réunis les plus braves guerriers ; ces rangs nombreux de vieux soldats blessés, et ces jeunes gens, offrant par leur réunion la gloire et l'espérance de la patrie; enfin l'appareil religieux des autels concouraient à exalter puissamment l'imagination, et à faire présager la durée la plus glorieuse à une institution formée sous de tels auspices.

La messe finie, les décorations de la légion ont été déposées au pied du trône dans des bassins d'or. Le grand-maître des cérémonies a pris les deux décorations de l'ordre, et les a remises au grand chambellan. Celui-ci les a présentées à S. A. I. le Prince Louis qui les a attachées à l'habit de Sa Majesté. De nouveaux cris de *vive l'Empereur* se sont fait entendre à plusieurs reprises.

Le grand chancelier de la légion a invité les grands officiers à s'approcher du trône, pour recevoir successivement des mains de Sa Majesté la décoration que lui présentait le grand-maître des cérémonies.

Appelés successivement, les commandans, les officiers et les légionnaires, sont tous venus au pied du trône recevoir individuellement la décoration des mains de l'Empereur (1).

---

(1) Voyez le frontispice.

Ce mélange des citoyens les plus distingués de toutes les classes et de tous les âges, offrait un spectacle doux, noble et attendrissant. Le soldat, le général, le pontife, le magistrat, l'administrateur, l'homme de lettres, l'artiste célèbre, recevant chacun la récompense de leurs talens et de leurs travaux, ne semblaient composer qu'une seule famille qui se pressait autour du trône d'un héros, pour le décorer et l'affermir. Une vive et profonde émotion était peinte sur tous les visages, et cette cérémonie auguste et brillante frappait les esprits d'un respect religieux et guerrier.

La fête a été terminée par un *Te Deum*, et une salve d'artillerie a annoncé la rentrée de Sa Majesté au palais des Tuileries.

ENTRETIEN VINGTIÈME. (XX)

LE GÉNÉRAL DESAIX.

BONAMI.

Tu l'éprouves donc, ce sentiment délicieux de savoir que tout le monde t'aime et te cheris, et semble retrouver dans ton ame innocente le germe des talens et des vertus de ton père. La bienfaisance, cher ami, fait les délices d'un cœur sensible et généreux. S'il avait besoin d'être excité, il trouverait dans le bienfait même sa plus douce récompense.

CHARLES.

Oh! oui, une récompense bien douce! mais elle n'a point déterminé mes actions : j'ignorais que le bonheur d'autrui pût faire éprouver cette vive émotion dont mon ame est agitée.

BONAMI.

Tout en t'écoutant, nous voici arrivés près du quai *Desaix*. N'y entrons pas, mon ami, avant de saluer le souvenir d'un héros dont la valeur fut la moindre des vertus; de ce capitaine qui, comme on l'a déjà dit d'un Français (1), *fit honneur à l'humanité*; de cet homme dont la générosité, la douceur, l'austère simplicité, la naïveté même avaient quelque chose d'imposant. Gagnant chaque jour une victoire, il donnait chaque jour aux peuples soumis le bienfait d'une institu-

---

(1) Turenne.

tion nouvelle, et cachant avec empressement le glaive qu'il n'avoit fait briller qu'en s'attendrissant sur le sort des victimes infortunées de la guerre, de sa main généreuse il séchait les pleurs et réparait les malheurs des vaincus. Ces êtres timides, les mères, les enfans, les vieillards, le connaissaient sans le craindre, et le revoyaient sans terreur. En Allemagne, en Italie, en Egypte, il obtint, même de ses ennemis, les titres les plus glorieux : les Autrichiens l'appeloient *le brave, l'infatigable général;* les Arabes ne le désignaient que sous ce nom : *C'est le bon Général;* et, subjugués par son courage et sa générosité, ils lui déférèrent le titre flatteur de *Sultan le Juste.*

Enfant de Mars et des Muses, il couvrit son front d'un double laurier. La France lui doit des victoires qu'il paya de son sang; et les lettres, des recherches sur l'ancienne Thèbes, et cette sécurité nécessaire et inaccoutumée avec laquelle les savans ont observé les monumens de l'ancienne Egypte dans les lieux où jusqu'alors l'ame était partagée entre l'admiration et le sentiment du péril de la vie.

C'est à la bataille de Marengo que le général Desaix termina sa glorieuse carrière. Atteint d'une balle au commencement d'une charge, il mourut sur le coup, et ne put que dire au jeune Lebrun, son aide-de-camp : *Allez dire au premier Consul que je meurs avec le regret de n'avoir point assez fait pour la postérité.*

Toutes les vertus semblaient former l'ame de ce général illustre (1). Il fut un modèle de piété filiale et d'amour fraternel. On voulait récompenser ses services (2) : « Qu'on rende la liberté à ma » mère et à ma sœur, c'est la plus douce » récompense de mes travaux. » Blessé aux lignes de Weissembourg, Desaix écrivit cette lettre à sa mère et à sa sœur : « O ma mère, ma tendre mère, ma » chère sœur, que je suis heureux ! mon » sang vient de couler, et mon sang vient » de sceller votre liberté ! »

Pour honorer tant de vertus et de talens, l'Empereur lui consacra ces lieux (3)

---

(1) Voyant un soldat qui abusait de la victoire pour outrager un vieillard, il s'élance et s'écrie, en l'arrachant de ses mains : « *Que* » *fais-tu, malheureux ! tu n'as donc pas de* » *père ?* »

(2) 1793.

(3) Parmi les monumens dont la munificence

qu'on prend soin d'embellir; et sous la fraîcheur de ces arbres naissans, les ames sensibles viendront respirer, avec le parfum des fleurs, l'ame vertueuse du héros dont le bonheur de l'humanité dirigea toutes les actions de sa vie.

---

de S. M. l'Empereur honora les vertus, le courage, et particulièrement l'amitié qui l'unissait au général Desaix, on admire avec reconnaissance la statue en bronze de ce jeune guerrier, élevée récemment sur la place des Victoires. Le général Desaix est représenté nu, à l'imitation des personnages des temps héroïques, d'après le modèle fourni par M. Dejoux et exécuté par M. Raymond. On remarque aux pieds du héros des débris de monumens égyptiens, et près de lui un obélisque chargé d'hiérogliphes; le bras et la main gauche sont étendus vers l'Orient; la main droite s'appuie sur le pommeau de l'épée qui sert de support; sa tête est ornée d'une couronne de myrte, symbole de ses vertus. Le piédestal de marbre blanc, couronné d'une corniche d'architecture égyptienne et chargé d'hiérogliphes et d'ornemens de même goût, s'élève immédiatement du milieu d'un pavé de marbre blanc.

Ce monument et celui érigé depuis quelques années sur la place Dauphine, laisseront un souvenir précieux de l'amitié d'un grand homme, et rappelleront dans l'ame émue de nos neveux le sentiment de la reconnaissance pour un guerrier vertueux et modeste, qui versa plusieurs fois son sang pour son pays et mourut au champ d'honneur.

CHARLES.

Au récit des faits glorieux de ce brave homme, il semble, Bonami, qu'un nouvel être m'anime ; ses vertus enflamment mon cœur du désir de l'imiter : il sera mon modèle. Fils tendre et respectueux, bon frère, ami fidèle, consolateur de l'humanité malheureuse, guerrier savant, intrépide autant que généreux, que de titres à mon admiration et aux regrets de sa patrie ! Ah ! Bonami, ne me blâme pas de donner quelque larmes à sa mémoire !

BONAMI.

Je m'atendris avec toi, mon cher Charles ; mais modère d'inutiles regrets, et ne porte pas la tristesse à la table de ton papa, où nous devons recevoir le duc de Montebello, que je dois accompagner dans sa nouvelle campagne d'Allemagne.

CHARLES.

Tu vas me quitter et tu veux que la joie rentre dans mon cœur ! Quelle injustice ! ton cher Charles est sensible ; il voit qu'il sera bien malheureux.

ENTRETIEN VINGT-UNIÈME.

(XXI)

LE DUC DE MONTEBELLO.

CHARLES.

PARDONNE, ah ! Bonami, pardonne ces larmes que je verse en t'embrassant ! Tu viens donc confirmer la fatale nouvelle de la perte d'un héros, du meilleur ami de papa ? Si jeune encore, le duc de Montebello n'est plus ! Confident de ses pensées, témoin de ses derniers momens, tu vas paraître aux yeux de son épouse inconsolable, tu vas entendre les cris de ses jeunes enfans qui vont te demander leur père : quel tableau déchirant pour ta sensibilité.

BONAMI.

Heureux dans leur malheur, ces jeunes infortunés, de ne pouvoir apprécier toute l'étendue de la perte qu'ils ont faite, et plus heureux encore de retrouver dans la plus tendre des mères les préceptes et l'exemple de toutes les vertus. Si la renommée se taisait, si le burin de l'histoire oubliait de retraçer à la postérité les illustres actions des grands hommes, ils apprendraient de la bouche d'une mère adorée, et les leçons de la gloire et le chemin de l'immortalité qu'à parcouru leur père.

CHARLES.

Qui l'eût dit, Bonami, quand nous déplórions ensemble le sort d'un guerrier moissonné à la fleur de ses ans, (1) nous aurions bientôt à gémir sur les destinées de son émule en gloire, et de son ami?

BONAMI.

Quoique la mort l'ait frappé dans un âge où l'homme commence à paraître dans toute sa force, ses jours ont été pleins et sa gloire complète. A peine touchait-il à sa vingtième année, qu'il s'élança parmi les jeunes guerriers que la France, menacée à l'orient des Pyrénées, appelait à son secours. On peut dire de lui ce que l'évêque de Nîmes a dit jadis d'un héros : « On vit le duc de Montebello, (2) presque au dernier rang

(1) Desaix.

(2) Jean Lannes, maréchal de l'Empire, duc de Montebello, colonel-général des Suisses, etc.,

de la milice, ne refuser aucune fatigue et ne craindre aucun péril, faire par honneur ce que les autres faisaient par contrainte, et ne se distinguer d'eux que par un plus grand attachement au travail et par une plus noble application à tous ses devoirs. Ainsi commençait une vie dont les suites devaient être si glorieuses, semblable à ces fleuves qui s'étendent à mesure qu'ils s'éloignent de leur source, et qui portent enfin partout où ils coulent, la fraîcheur et l'abondance. Depuis ce temps il a vécu pour la gloire et pour le salut de l'État. Il a rendu tous les services qu'on peut attendre d'un esprit ferme et agissant, quand il se trouve dans un corps robuste et bien constitué... Il s'éleva par degré et par son seul mérite au suprême commandement, et fit voir dans tout le

---

né à Lectoure, département du Gers, le 11 avril 1769, et mort après la bataille d'Esling, le 31 mai 1809. Il partit en 1792 avec le bataillon du Gers, en qualité de sergent, et fut bientôt, par ses rares talens et sa bravoure, élevé au rang de chef de brigade. Quelques intrigues lui arrachèrent les lauriers dont il allait couvrir son front; mais, appréciateur du vrai mérite, Bonaparte l'associa à ses périls et à sa gloire, et Lannes ne quitta plus le champ d'honneur, qu'il arrosa plusieurs fois de son sang.

cours de sa vie, ce que peut pour la défense d'un empire un général d'armée qui s'est rendu digne de commander en obéissant, et qui a joint à la valeur et au génie l'application et l'expérience ».

Quelle partie de la terre n'a point été le théâtre de sa gloire? Du sommet des Pyrénées jusqu'aux pieds des cataractes où le Nil ensevelit son antique origine, il a marché de victoire en victoire. Couvert des palmes cueillies sur les bords du Jourdain, il repasse les mers avec la fortune de l'État. En Espagne, en Prusse, en Allemagne, il compte ses jours par des triomphes. On eût dit qu'une paix durable allait consoler les mortels des malheurs de la guerre; mais les haines se rallument, et l'Allemagne veut tenter encore le destin des combats. Le Duc de Montebello est partout : il vole de la tranchée aux assauts, des assauts aux batailles; il attaque, il protège, il soutient, il triomphe. Vienne à peine ouvrait ses portes, que rayonnant de gloire, d'espérance et de joie, il est déjà dans les champs d'Esling et de Gross-Aspern, En vain le Danube se déborde, en vain les lignes autrichiennes, trois fois enfoncées, se reforment protégées par le feu de deux cents pièces de canon, trois fois il les enfonce et les écrase; mais au moment où la victoire allait ceindre son front d'un laurier immortel, le duc de Montebello est frappé d'un boulet qui lui emporte la cuisse : toute l'armée en deuil pousse un cri de douleur et pleure un père. On le transporte auprès de l'Empereur; des larmes coulent des yeux du monarque, qui s'écrie : « Il fallait que dans cette journée mon cœur fût frappé par un coup aussi terrible, pour que je pusse m'abandonner à d'autres soins qu'à ceux de mon armée ».

Le duc de Montebello, qui avait perdu connaissance, revint à lui, et de ses bras mourans il presse l'Empereur en lui disant : « Dans une heure vous aurez perdu celui qui meurt avec la gloire d'avoir été votre meilleur ami. » Tous les secours de l'art sont vainement prodigués; il expire au milieu de ses amis et de l'armée qui le regrettent et le vengent.

Ma douleur trop vive ne me permet pas, mon cher Charles, de poursuivre, ni de te parler de ses vertus domestiques. Je ne te montrerai pas ce héros « dans le repos d'une condition privée, se dépouillant de toute la gloire qu'il avait acquise pendant la guerre, et se renfermant dans une société peu nombreuse de quelques amis choisis : au sein de sa famille qui l'adorait, il s'exerçait sans bruit aux vertus civiles. Sincère dans ses discours, simple dans ses actions, fidèle dans ses amitiés, réglé dans ses désirs, grand dans les moindres choses, en vain il cache le grand homme ; sa réputation le découvre. On compte en le voyant les peuples qu'il a vaincus, et non pas les serviteurs qui le suivent : tout seul qu'il est, on se figure autour de lui ses vertus et ses victoires, et chacun dans son esprit le met sur un char de triomphe. » Tel fut cet homme cher à la France, tel a été le duc de Montebello dans son château de Maisons. Mais cessons un entretien douloureux ; je m'attendris avec toi, mon cher Charles : adieu, laisse-moi m'acquitter de mon pénible ministère.

FIN.

www.ingramcontent.com/pod-product-compliance
Ingram Content Group UK Ltd.
Pitfield, Milton Keynes, MK11 3LW, UK
UKHW012226240726
13966UKWH00003B/980

9 782012 168886